매일 뉴스로 출근하는 여자

한민용 지음

매일 뉴스로
출근하는 여자

빨래골 여자아이가 동대문 옷가게 알바에서
뉴스룸 앵커가 되기까지

한민용 지음

이야기장수

프롤로그 보내지 못한 이메일 _6

1부
재능 없는 기자 지망생

빨래골에서는 어떤 냄새가 난다 _12
가장 좋은 이야기만 골라 스스로에게 들려주기를 _21
Who Cares! _34
실패는 실패고 넘어지면 무릎만 아프다 _55
인턴을 하려고 퇴사하겠다고? _72
이토록 적절한 타이밍에 이토록 선명한 행운을 얻다니 _80
마침내 합격 _87

2부
눈물이 나올 땐 숨을 참는다

남동생의 일 _94
하리꼬미 _97
재능은 없다 _115
술 대신 쌍화탕 _125
죽음을 좇는 직업 _130
'니나 내나' 정신 _155
포레스트 검프처럼 살고 싶다 _163

3부
답은 명사가 아닌 동사여야 한다

2년마다 너 자신을 팔아봐 _178
사라질 직업 _193
여자 앵커 _197
명성 없는 명예 _211
매일 혼자 도시락 먹는 앵커 _224
책, 괜찮은 동료 _234
후쿠시마 현장에서 뵙겠습니다 _240
전 국민이 심사위원인 서바이벌 프로, 선거방송 _254
비상계엄 _274

에필로그 내일이 불안하고 힘겨운 당신에게 _293

프롤로그
보내지 못한 이메일

어디로든 훌쩍 떠날 수 있는 밤의 공항이었다. 후쿠시마 원전 오염수 방류를 하루 앞둔 밤, 나는 막 스물셋이 된 후배 스태프와 함께 후쿠시마행 비행기를 기다리고 있었다. 이제 몇 시간 뒤면 우리의 바다는 어떤 의미에선 완전히 다른 바다가 될 터였다. 나는 현장을 취재하고 그 바다 앞에서 뉴스를 진행하기 위해, 오늘의 뉴스를 마치자마자 눈썹을 휘날리며 공항으로 달려온 참이었다. 하지만 그런 수고가 무색할 정도로 비행기는 연착을 거듭하고 있었다.

"스물셋은 뭐든 할 수 있는 나이지."

"그런가요? 선배는 20대로 돌아갈 수 있다면 언제로 돌아가고 싶으세요?"

후배는 스물셋이 얼마나 좋은 나이인지 몰랐다는 듯 내 말을 반기며 물었다. 밤의 공항이라 나눌 수 있는 대화였다. 나는 저멀리 활주로의 불빛에 시선을 고정한 채, 기억을 되돌리고 되돌렸다.

"돌아가고 싶은 때가 없네."

후배는 뭐예요, 라며 웃었다. 내가 농담한다고 생각한 것이다. 하지만 정말 그랬다. 필름을 어디로 돌려도 재미있는 장면을 찾을 수 없는 불행한 영화처럼, 내 20대는 어디로 되돌리더라도 돌아가고 싶지 않은 순간들로 가득했다. 그때의 나는 참 초라했다. 당장 내일 쓸 돈을 걱정했고, 시급이 센 아르바이트를 찾아다녔으며, 나보다 더 많은 걸 가져 이런 걱정을 하지 않아도 되는 친구들을 부러워했다. 언론사 시험에서 계속 떨어졌고, 난 아무것도 되지 못할 거란 생각에 사로잡혀 절망하기도 했다. 그 시절의 나에게 누군가 "넌 뉴스 앵커도 될 수 있어"라고 했다면 헛소리도 참 성의 없이 한다고 생각했을 거다.

"20대는 누구나 힘들잖아."

내 말에 후배는 다시 한번 반색을 표했다. 그녀는 2년 계약 만료를 앞두고 있는 상황이었다. 돌아갈 학교가 있긴 하지만 곧 졸업인데 아직도 뭘 하면 좋을지, 뭘 할 수 있을지 잘 모르겠다고 했다. 그 마음이 십분 이해됐다.

나는 스물아홉 살에 JTBC 〈뉴스룸〉의 주말앵커가, 서른 살에는 우리 회사 최초로 여성 단독앵커가 됐다. 뉴스를 진행하기에는 너무 젊은 여자 아니냐는 우려에도 4년이나 진행했다. 서른세 살에는 평일 〈뉴스룸〉의 메인앵커가 됐다. JTBC 최초의 여성 메인앵커이자 최연소 메인앵커. 전 방송사를 통틀어서도 메인뉴스 메인앵커를 이렇게 젊은 여자가 한 건 처음이었다. 하지만 그런 타이틀은 현재의 나를 과장하고, 내가 지나온 날들은 축소했다.

"선배는 하나도 안 힘들었을 줄 알았는데 선배도 힘들었다고 하니까 위로가 되네요."

빙그레 올라가는 후배의 입꼬리에, 끝내 답장을 보내지 않은 메일 한 통이 떠올랐다. '안녕하세요 앵커님'이라는 제목이 달린 그 메일은 매일같이 쏟아지는 각종 홍보자료 속에 파묻혀 있었다. 내용은 이랬다.

'저는 학생이고, 어릴 적부터 뉴스 앵커를 꿈꿔왔는데, 철이 들며 보니 우리집은 꿈을 좇을 만한 형편이 안 되는 것 같다.

대학도 부모님이 도와주시지 못할 텐데 앵커는 되기도 어렵고, 준비하는 과정에 돈도 많이 들 것 같다. 졸업하고 바로 취업할 수 있는 과를 가는 게 맞는 것 같다.'

보낸 날짜를 보니 이미 몇 달 전이었다. '어떻게 하면 좋을까요?' 같은 질문은 없었다. 답장해주면 고맙겠다는 말도 없었다. 그렇지만 분명 답장을 바랐을 것이다. 알면서도 나는 보내지 않았다. 어떻게 써도 너무나 많은 말이 생략된, 무책임한 답장이 되어버리기 때문이었다.

몇 년 전 일인데 이제 와 후회가 스멀스멀 밀려왔다. 역시 답장을 하는 게 좋았을까? '나도 힘들었다'는 한마디가 후배에게 위로이듯, 그 친구에게도 위로가 되어주지 않았을까? 지금이라도 조금은 책임 있는 답장을 써보는 게 어떨까. 그때 비행기가 두 시간 더 연착됐다는 안내가 흘러나왔다. 시계는 새벽 1시를 가리키고 있었다. 그래, 시간은 충분하다. 나는 노트북을 열었다.

1부
재능 없는 기자 지망생

TAKE 01   NEWS

빨래골에서는 어떤 냄새가 난다

▬▬▶   수유리 빨래골. 내가 자란 곳이다. 봉고차에 가까운, 작은 덩치의 마을버스가 수유역을 돌아 제 몸집만한 좁은 골목으로 들어간다. 작은 파출소를 시작으로 알뜰 구판장, 비디오 대여점, 맹학교, 구멍가게 등을 지나 꿀렁꿀렁 한참을 힘겹게 헤쳐 올라가면, 마침내 곡예를 멈춰도 되는 큰 공터가 나온다. 드디어 신나게 달려볼 만하지만, 마을버스는 제 몸을 다시 좁은 골목을 향해 공손히 돌린다. 서울을 둘러싼 산 중 산세가 가장 험하다는 북한산이 떡하니 가로막고 서 있기 때문이다.

'북한산 국립공원 입구', 마을버스 종점. 여기부터는 국립공원이라고 그어놓은 선을 아슬아슬 밟을 듯 말 듯 터를 잡고 살아가는 사람들이 있었다. 우리 가족도 그중 하나였다. 빨래골에서도 사람이 살 수 있는 마지막 골목의 오르막 중턱, 나는 그곳에서 자랐다.

사람들이 빨래하러 올 만큼 물이 맑아 붙여진 '빨래골'이란 이름을 나는 참 좋아했다. 빨래골, 하고 불러보면 기분이 좋아졌다. 내친김에 한번 더 불러봐야겠다. 빨래골— 어린 내가 이 동네를 얼마나 자랑스러워했는지 모른다. 어쩌다 다른 동네에 사는 어른이나 또래를 만나면 '우리 동네 물이 얼마나 맑은 줄 아느냐, 물이 맑은 걸로 유명해 임금님 옷도 여기서 빨았단다, 그래서 지금도 동네 이름이 빨래골이다' 자랑을 늘어놓곤 했다.

빨래골은 정말이지 특별했다. 특히 공기가 그랬다. 마을버스에서 내리는 순간, 달라진 공기를 느낄 수 있었다. 북한산이 내뿜는 공기는 신비로울 정도로 투명했다. 붓을 놀리다 실수로 튄 작은 점 하나도 놓치지 않고 잡아내는 흰 도화지처럼, 빨래골의 공기는 그 어떤 작은 냄새도 놓치지 않았다. 몇몇 냄새는 아직도 생생하다. 어쩌면 그 냄새들이 모여 나라는 인간을 만들어낸 것이 아닐까 하는 생각마저 들 정도다. 빈센트 반 고흐도 추앙한 화가, 가쓰시카 호쿠사이는 '머물러 있는 곳에 물들면 큰일'이라며 필사적으로 이사를 다녔다고 한다. 무려 아흔세 번이나 옮겨 다녔다는데, 나는 유년 시절을 모두 한곳에서 보냈으니, 나에게서 다른 사람에겐 없는 무언가를 찾아볼 수 있다면 아마도 빨래골에서 물들었을 것이다.

◉

　내가 가장 사랑한 냄새부터 말해봐야겠다. 겨우내 꽁꽁 얼어 있던 흙이 스르륵 녹고, 그 속에서 새싹들이 고개를 비집고 빼꼼 들어올리면, 봄 냄새가 아지랑이처럼 스멀스멀 올라왔다. 그러면 나는 내 작은 이불을 들고 나가 햇볕에 말렸다. 이불이 햇살을 한껏 머금었을 때쯤 다시 걷어와 얼굴을 파묻으면 세상에서 가장 자애로운 이의 품에서 날 것만 같은 포근한 냄새가 났다. 나는 그것을 봄날의 햇살 냄새라고 불렀다. 그 냄새는 밥벌이로 바쁜 부모를 둔 나에게, 언제나 손쉽게 가져다 맡을 수 있는 엄마 냄새이기도 했다.
　봄날의 햇살 냄새에 짙은 푸른 향이 섞이기 시작하면 계곡으로 달려갔다. 빨래골엔 미끄럼틀이나 그네가 있는 놀이터는 없었지만, 북한산이 있었다. 그중에서도 맑고 푸른 계곡물은 나의 자랑, 동네의 자랑이었다. 허리까지 자란 수풀을 헤치고 계곡으로 풍덩 뛰어들면 내 작은 몸에도 푸른 향이 짙게 배어들었다. 나뭇잎 그림자 한 점 없는 땡볕 아래 몸을 말리는 동안에도 그 잔향을 맡을 수 있을 정도였다. 길어진 해만큼 늘어지게 놀고 난 뒤에는 집 앞에 쪼그려 앉아 북한산 뒤로 해가 저무는 모습을 지켜봤다. 북한산이 일순간 온통 주황빛으로 물드는 풍경은 아무리 보아도 질리지 않았다. 모든 순간이 새로운 발견으로 넘쳐났다.

끝없는 감탄과 상상을 부추긴 나의 북한산이 앙상해지면 빨래골의 공기는 시리도록 투명해졌다. 이보다 더 투명해질 수 있을까 싶을 때쯤 눈이 내리곤 했는데, 그러면 나는 작은 방석 하나를 썰매랍시고 들고 다니며 우리집이 자리잡은 가파른 오르막길을, 꽁꽁 언 계곡을 누비다 엉덩이가 축축하게 다 젖어 얼어붙기 일보 직전일 때서야 입맛을 다시며 집으로 돌아왔다.

눈이 내리지 않으면 놀거리가 없는 겨울이었지만, 시린 공기 속 낯선 냄새가 포착되는 날도 더러 있었다. 작은 손님이 찾아온 날이었다. 단골손님은 청설모였다. 깜찍한 얼굴을 하고 있지만 무서울 정도로 빠른 발을 가진 이 손님은 청소한다고 잠깐 열어둔 문 틈으로 불쑥 들어와 온 집안을 들쑤시고 다녔다. 청설모를 제외하면 마당에만 잠시 머무르고 떠나는 점잖은 손님들이 대부분이었는데, 자랑할 만한 손님으로는 공작과 담비가 있었다. 사실, 꿩과 족제비였을지도 모른다. 쌀을 한 바가지 뿌려주며 다른 식구가 올 때까지 잡아두려 했지만 쌀만 좀 주워

먹고는 훌쩍 떠나버린 탓에 그 손님들은 나밖에 못 봤다. 나이 차가 많이 나는 언니는 공작이 왜 북한산에 있느냐고 나를 허풍쟁이 취급했다.

빨래골, 1990년대 서울에선 좀처럼 보기 힘든 신비하고 아름다웠던 나의 고향. 참으로 오랜만에 뽐내본다. 어머니가 내 손을 꼭 잡고는, 앞으론 빨래골 산다고 하지 말고 "수유리 살아요"라고 말하라 가르친 뒤부터 나는 동네 자랑을 참아왔다. 어머니는 왜 동네 이름을 숨기라고 했을까. 그것은 아마도 이런 이유에서였을 것이다.

빨래골의 투명한 공기는 사람들이 필사적으로 숨기고 싶어 한 냄새까지도 적나라하게 잡아냈다. '바보 냄새'가 그랬다. 우리 골목에는 바보로 불리는, 반지하에 살던 아이가 있었다. 그 애가 같이 놀려고 다가오면 아이들은 바보 냄새 나니까 가까이 오지 말라고 소리쳤다. 그럴 때마다 그애는 고개를 좌우로 돌리며 제 냄새를 킁킁 맡고는 "아무 냄새 안 나거든!" 하고 소리쳤다. 하지만 났다. 퀴퀴하고, 음침한 무언가를 떠올리게 하는 냄새가. 봄날의 햇살 냄새가 나는 화창한 날에도 그 냄새는 사라지지 않았다. 아이들은 "얘, 푸세식 화장실(그렇다, 그때까지도 골목에 공용 푸세식 화장실이 있었다)에 빠졌던 냄새가 아직도 배어 있나봐" 하며 놀려대곤 했다.

  동네의 판자 할머니한테는 좀약 냄새가 났다. 판잣집에 살던 할머니는 어린이인 나만큼이나 덩치가 작았는데, 비만 오면 집 앞 골목에 나와 그 작은 몸을 둥그렇게 말고 온몸으로 비를 맞았다. 집에 들어가시라고 해도 들은 체도 하지 않았다. 할머니 뒤에 서서 우산을 씌워주다 지쳐 집에 돌아온 게 한두 번이 아니었다. 어른들은 "할머니는 비 맞는 걸 좋아하는 사람이니 괜찮다"고 했지만 그 말을 선뜻 믿을 수 없었다. 전혀 기쁜 사람의 얼굴이 아니었기 때문이다.

  나는 우산 아래에서 할머니의 좀약 냄새를 맡으며 그 자그마한 등에 묻은 슬픔을 보았다. 좀약 냄새는 슬픔의 냄새였다. "저 할머니 미쳐서 그래"라는 말을 주워들은 어느 날, 나는 '미치다'와 '슬프다'가 아주 가까이에 있는 단어라는 것도 배웠다. 판자 할머니는 우리 동네에 산불이 나면서 떠났다. 골목에 들러붙은 판잣집 때문에 소방차가 제때 들어오지 못해 산불을 키웠다며 모두 밀어낸 것이다.

  냄새 때문에 다툼이 벌어지기도 했다. 그 주인공은 주로 우리집이었다. 우리 옆집 아저씨는 동네에서 개장수로 불렸다. 아저씨가 키우는 개들은 나무에 가려져 있어 잘 보이진 않았지만, 잔가지 사이로 언뜻언뜻 보이는 모습만 봐도 나보다 덩치가 훨씬 컸다. 여름마다 아버지는 그 개들이 내뿜는 냄새를 잡아내곤 했다. 몇 년 뒤, 옆집에 박수무당 아저씨가 세 들어온 뒤에는 나도 그 냄새를 맡을 수 있었다. 박수무당 아저씨가 징을 치는 날이면 그 장단에 맞춰 개들도 컹컹거리며 뛰어다녔고, 개들의 목을 옥죈 쇠사슬이 땅에 쓸리는 소리가 한동안 이어지고 나면 옆집 냄새가 슬그머니 우리집 대문을 넘어왔다. 빨래골엔 층간소음 갈등은 없었지만, 문간 냄새 갈등은 있었던 것이다. 아버지의 인내심이 바닥을 치는 날이면 박수무당 아저씨가 우리집을 내려다보며 못마땅하다는 듯 고개를 절레절레 내젓곤 했다. 〈토요미스테리 극장〉을 꼬박꼬박 챙겨 보던 나로서는 여간 겁나는 일이 아니었다. 내 걱정에 부응하듯, 박수무당 아저씨는 우리집 터가 안 좋으니 이사가야 한다는 말까지 내뱉었다.

꼭 그 때문만은 아니겠지만, 어머니는 이사가고 싶다는 말을 입에 달고 살았다. 내가 어머니 말을 듣지 않고 산을 넘어 집으로 오다 무서운 어른들을 만난 뒤로는 더욱 그랬다. 위험하니 산길로 다니지 말라는 어머니의 말을 듣기에는 너무나 무더웠던 그날, 나는 산에서 삼촌 두 명을 만났다. 이런 깊은 산속에서 사람을 마주칠 거라고는 예상하지 못했기 때문에 흠칫 놀랐지만, 삼촌들은 꽤 친절해 보였다. 웃는 얼굴로 나에게 이런저런 것을 물었다. 그러다 그들이 내게 '물 좋은 곳을 아느냐'고 질문했을 때, 나는 나의 자랑, 동네의 자랑, 물이 맑아 임금님 옷도 빨러 왔다던 우리 계곡을 떠올렸다. 내가 '잘 안다, 나도 가는 길이다' 하니 그들은 박장대소를 하며 '됐고, 우리가 진짜 물 좋은 곳으로 데려가주겠다'고 했다. 우리 계곡보다 더 좋은 계곡은 없을 텐데, 나는 의아해하면서도 잠자코 그들을 따라나섰다. 얼마나 걸었을까, 왜인지는 전혀 기억나지 않지만 나는 무언가 잘못됐다고 느꼈다. 덜컥 겁이 났다. 다른 어른들이 있는 곳으로 가야 했다. 나는 냅다 소리를 지르며 등산로를 향해 뛰었다. 한 무리의 아주머니들을 맞닥뜨렸을 땐 얼굴이 눈물 콧물로 범벅이 된 뒤였다. 지금도 내가 범죄 피해자가 될 뻔한 것인지, 아니면 더 좋은 계곡을 알아낼 좋은 기회를 놓친 것인지 알 수 없다. 다만 삼촌들에게선 소주 냄새가 났다.

빨래골의 냄새로부터 우리는 결코 도망칠 수 없었다. 어른들은 봄날의 햇살 냄새보다, 여름의 푸른 향보다, 빨래골의 이런 냄새들을 먼저 떠올리는 듯했다. 그 냄새로, 거기 사는 애들은 으레 이럴 것이란 편견을 가지기도 했다. "그 동네 애들은 어릴 때부터 술 마시고 담배 피우고 중학교조차 안 가는 애들이 많다던데" 하며 혀를 끌끌 찼다. 가난한 집 아이, 부모 모두 밥벌이로 바빠 아무도 관심 가져주지 않는 아이, 그래서 함부로 대해도 되는 아이 취급하기도 했다. 우리 어머니는 그런 사람들로부터 어린 딸을 보호하고 싶었을 것이다. 하지만 어머니는 이사를 갈 수 없었다. 대신 나를 사립 초등학교로 보냈다. 사는 동네를 옮길 수 없다면, 학교 동네라도 옮기겠다는 현대판 맹모였던 셈이다.

내가 학교 마크가 새겨진 멋들어진 교복을 입기 시작하면서, 어떤 냄새는 더욱 짙어졌다. 바로 어머니의 파마약 냄새. 그리고 나에게는 숨겨야 할 사실이 하나 더 생겨났다. 어머니는 선생님이 어머니 뭐 하시냐 물으면 미용실 한다고 하지 말고 꼭 '가정주부'라고 답하라고 했다.

TAKE 02　　　　　　　　　　　　　　　　　　　　　　　　NEWS

가장 좋은 이야기만 골라 스스로에게 들려주기를

　어른은 언제 되는 것일까. 법적으로 성인임을 인정받는 만 19세? 아니면 밥벌이를 하며 사회의 쓴맛을 알게 되는 순간? 평생 어른이 되었다고 느끼지 못하다가 갑자기 늙어버렸다는 사람이 있는가 하면, 자식을 낳고서야 비로소 어른이 되었다는 사람도 있다. 내 이야기를 해보자면, 내가 어른이 된, 되어야 했던 순간은 중국 북경에서 찾아왔다.

　중국을 가게 된 건 순전히 TV 때문이었다. 빨래골은 놀이터도, 영화관도, 도서관도, 전시관도 없는 동네였다. 바람에 흔들리는 나뭇잎이, 그 사이로 떨어지는 햇빛이 볼거리, 대화거리였지만 그것만으로는 부족했고 그 빈자리를 채워주는 건 언제나 TV였다. 그래도 뉴스만큼은 안 봤는데, 그날은 어디를 틀어도 뉴스만 나왔다.

63빌딩은 명함도 못 내밀 높은 건물로 비행기 한 대가 돌진했다. 순식간에 구멍이 뻥 뚫리고 불길이 치솟았다. 사람들은 창밖으로 큰 수건을 흔들며 필사적으로 살려달라 외쳤다. 하지만 이내 화염을 견디지 못하고 하나둘 100층 높이에서 뛰어내렸다. 간신히 건물에서 빠져나온 사람들은 희뿌연 잿더미를 뒤집어쓴 채 혼이 나간 얼굴을 하고 있었다. 혼돈 그 자체였다. 그리고 이 모든 혼란의 끝에는 담담한 얼굴을 한 남자가 서 있었다.

"맨해튼에서 ○○○ 뉴스 ○○○입니다."

무미건조한 그의 목소리와 함께 화면은 끝이 났다. 테러니 이슬람이니 하는 그 남자의 말을 완벽히 이해하지는 못했지만, 그는 나를 완전히 사로잡았다. "나도 저거 하고 싶다"고 홀린 듯 말하자 대뜸 "그럼 유학 가야 되는 거 아니야?"란 말이 돌아왔다. 유학과 특파원은 사실 아무런 상관이 없지만, 지금처럼 온라인 커뮤니티가 활발하지도 않았고, 방송국에서 일하는 지인이 있는 것도 아니니 직관적으로 생각할 수밖에 없었던 것이다. 그리고 어쩌면, 그때의 나는 꼭 특파원이 되고 싶었다기보다는 그저 더 넓은 세상을 꿈꿨던 것일지도 모른다. 그뒤로도 뉴스가 나오면 리모컨부터 찾았으니 말이다. 더 넓은 세상, 그것은 63빌딩도 못 가본 빨래골 아이가 가질 법한 꿈이었다.

그때부터 부모님에겐 계획이 생겼던 것 같다. 3년여 뒤, 내가 막 고등학교에 들어갔을 때 중국 유학을 권한 것이다. 이제는 중국이 뜬다더라, 이쑤시개 하나를 팔아도 중국에서 팔면 13억 개를 팔 수 있다, 중국은 학비도 한국보다 싸다, 한국 대학은 나와봤자 어떻게 될지 모르지만 중국어 하나만 잘해도 밥벌이하는 데 전혀 문제없다…… 한마디로 가성비가 좋다는 말과 함께 중국 유학 붐이 일던 때였다. 그렇게 나는 겁도 없이 혼자 중국으로 떠났다.

처음 며칠 동안은 모든 게 새롭고 신기했다. 마라탕과 탕후루를 처음 먹었을 땐 중국에 오길 잘했다고도 생각했다. 게다가 그런 음식을 매일 먹으면 어떡하느냐고 잔소리할 부모님도 없었다. 나는 자유였다. 하지만 곧 '자유=책임'이라는 걸 깨닫게 됐다. 같은 학교에 다니던 한국인 친구가 살해당한 뒤, 일찍 들어오라고 잔소리하는 사람 한 명 없는데도 해가 지기 전 집에 들어간다는 원칙을 목숨처럼 지켰다. 남의 나라에서 이방인으로 살아간다는 것, 그것도 10대 여자아이가 '혼자' '중국'에서 살아가기란 쉬운 일이 아니었다.

 그 무렵, 우리집 사정도 복잡하고 어려워졌다. (그 사정은 우리 가족 모두의 것이기에 구체적으로 밝히지는 않겠다.) 사실 어쩌다 그렇게 되었는지, 얼마나 고달파졌는지는 그리 중요한 얘기가 아니다. 어려움은 늘 상대적이며, 모두가 겪는 것이니까. 무사태평해 보이는 사람도 마음속 깊은 곳을 두드려보면 어딘가 슬픈 소리가 난다고 하지 않던가. 어쨌거나 그때부터 나는 어둡고 캄캄한, 만리장성처럼 끝이 보이지 않는 긴 터널을 걷게 됐다. 그 속에는 어제도, 내일도 없었다. 빠져나올 수 있는 유일한 방법은 어른이 되는 것이었다. 누구의 도움 없이도 홀로 우뚝 살아갈 수 있는 어른.

◐

 되도록 빨리 어른이 되어야 했다. 우선 졸업하면 취직 잘되는 좋은 대학에 가야 했다. 그때만 해도 교과서를 펴면 죄다 모르는 단어라 사전을 뒤적이다 하루가 다 갈 정도로 나의 중국어 실력은 형편없었다. 하지만 다른 방법은 없다는 절박감이 나를 세차게 채찍질했다. 그때부터 나는 괴로움에서 벗어나게 해주는 주문을 외듯 교과서를 통째로 외웠다. 이 주문만 다 외면 뽕— 하고 모든 게 좋아지기라도 할 것처럼. 시험도 끝났는데 친구들과 조금만 더 놀다 들어가겠다고 떼를 쓰고, 반찬이 없다고 투정 부리던 평범하고 그리운 내 모습이 떠오를 때에는 더, 더 외웠다. 그리고 이듬해, 주문은 이뤄졌다. 뽕. 북경대학교 합격증을 받아든 것이다. 그렇지만 이번에는 대학에 가느냐 마느냐 하는 처지가 됐다. 돈 때문이었다. 지난 17년간과는 달리 하루하루 돈 걱정을 하지 않으면 안 됐다.

학비를 구해야 했지만, 유학생은 학자금 대출을 받을 수 없었다. 미성년자인 나에게 대출을 내주는 곳도 없었다. 지극히 상식적인 일이지만 나는 휘청했다. 상식을 모를 정도로 어렸던 것이다. 어떻게든 학비를 벌어보려고 하루종일 구인 사이트를 뒤졌지만 거기 올라온 아르바이트들의 시급은 고만고만했다. 20대 용모 단정한 여성을 찾는다는 토크바의 시급만 월등히 높았다.

나는 허위허위 동대문으로 향했다. 그나마 시급이 높았던 에뛰드하우스 야간 알바 자리에 지원하기 위해서였다. 문자메시지로 연락하라고 쓰여 있었는데도 직접 찾아간 건 나이 때문이었다. 만 18세 이상이 조건이었는데, 나는 대학을 일찍 합격한 탓에 만 17세였다. 직접 찾아가는 성의를 보였지만, 핑크색 앞치마를 한 사장님은 아무래도 만 17세는 어렵다고 했다. 몇 달만 있으면 18세가 되니 써달라고 부탁하는 나에게 그녀는 바로 옆 건물을 가리켰다. 사장님의 손끝에는 빨간색 글씨로 이렇게 적혀 있었다. Migliore.

2000년대 밀리오레는 강한 자만 살아남는 곳이었다. 들어가는 순간 "동생~ 보고 가!"란 말이 메아리쳤다. 동생이 나를 지칭한다는 것을 알면서도 나는 그들이 메두사라도 되는 양 앞만 보며 나아갔다. 게시판에 사람을 구한다고 붙여둔 점포만이 나의 목적지였다. 하지만 옷 파는 언니들을 제대로 쳐다보지도 못하는 나를 뽑아줄 리 없었다. "우리는 나이는 안 봐. 그런데 자기는 우리집이랑은 안 어울리는 것 같네." 그 말도 맞았다. 나에게는 하늘을 찌를 듯이 길게 연장한 속눈썹도, 배꼽을 반짝 빛내주는 피어싱도 없었다. 몇 번 거절을 당하며, 나는 동대문 알바 조건이 꽤 괜찮다는 것을 알게 됐다. 기본급에 판매한 만큼 인센티브를 주는 식이었는데, 기본급 자체도 나쁘지 않았다. 돌연, 오랫동안 원해온 것처럼 이 일이 간절해졌다. 그래서 밀리오레에서 다 떨어지고 옆 건물인 두타에 갔을 때에는 약간의 거짓말을 했다.

"제가 어리긴 하지만 전단지 나눠주는 알바랑 세일 상품 판매 같은 것도 해봤거든요."

"흐음. 열일곱 살인데?"

"요즘 중국 손님도 좀 오시죠? 제가 중국어도 할 줄 알거든요."

"화교야?"

"아뇨. 유학생이에요."

"유학생? 유학생이 왜 아르바이트를 해?"

"학비 벌려고요."

"그럼 과외를 하지, 왜 동대문까지 왔어?"

"중국어 과외는 대부분 조선족 선생님들이 해서요. 제가 어릴 때부터 옷을 진짜 좋아했거든요. 여기서 일 배워두면 나중에 중국 오가며 패션 사업을 할 수도 있을 것 같고요."

"친구들은 아직 다 고등학생이지? 애들이랑 논다고 갑자기 안 나오는 거 아냐? 그런 애들 많아."

"그건 걱정 마세요. 저 진짜 돈 벌어야 하거든요."

나풀거리는 새하얀 옷들 속에서 삼촌은 나를 빤히 쳐다봤다. "거짓말." 삼촌 입에서 이 단어가 나올 것만 같아 겁이 났다. 하지만 그의 입에서는 완전히 다른 한마디가 흘러나왔다.

"착하네."

그렇게 나의 첫 아르바이트가 시작됐다.

매장에서 파는 흰 원피스를 빼입고 나는 '언니'부터 찾았다. "언니, 보고 가세요! 우리 오늘 신상 많이 들어왔어요. 제가 입은 것도 완전 신상!" 아르바이트를 해봤다는 거짓말을 들키지 않으려고 새된 목소리로 언니들을 불러댔지만, 그 목소리는 내 귀에도 어색하게만 들렸다.

그뒤로도 나는 방학만 되면 외국인 노동자처럼 한국에 들어와 돈 많이 주는 단기 아르바이트를 찾아다녔다. 배운 게 도둑질이라고, 주로 판촉 알바를 했다. 마트에서 선물 세트나 홍삼 같은 것을 팔고 일급을 받았는데, 시작을 동대문에서 해서 그런지 마트는 순한맛이었다. 하지만 이곳에서 나는 떠밀리듯 어른이 되었다.

맥주 판매 아르바이트를 구한다는 글을 처음 봤을 때에는 노다지라고 생각했다. 일급이 상당했기 때문이다. 하지만 글을 자세히 읽어보고는 금세 기분이 나빠졌다. 다른 곳보다 몇만 원 더 주는 일급과 '20대, 용모 단정, 160cm 이상, 유니폼과 토시 착용 필수'란 모집 글은 많은 것을 말해주고 있었다. 그래도 면접장에는 줄이 늘어서 있었다. 20대 용모 단정한 여자들을 일렬로 줄 세운 관계자는 면접 결과가 바로 나올 테니 자기 면접이 끝났다고 돌아가지 말고 기다리라고 했다. "얼굴 보겠다는 거네. 사진으로 보면 되지. 무슨 이런 알바에 면접까지 보니?" 일을 하며 얼굴을 튼 것 같은 여자들의 대화가 들려왔다. 그들은 유니폼이 어떤 것일지 걱정된다, 토시는 왜 필수라는 건지 모르겠다며 떠들었다. 여기 모인 여자들은 모두 사정이 비슷했던 것이다. 몇만 원에 팔면 안 되는 무언가를 파는 것 같은 찜찜함을 느끼면서도 그 몇만 원이 아쉬웠다. "그래도 춤 안 추는 데 이렇게 많이 주는 데는 여기밖에 없긴 해." 신장개업한 가게 앞에서 바람이 가득 들어간 키다리 인형과 함께 짧은 치마를 입고 춤추는 여자들이 떠올랐다.

면접은 별거 없었다. "색깔만 봐도 맛있는 ×× 맥주입니다!" 홍보 멘트를 한번 읊어보라는 게 전부였다. 마지막 줄까지 면접장에 들어가고 얼마 지나지 않아 몇몇 사람에게만 유니폼이 주어졌다. 나도 합격. 손에 들린 유니폼은 이질적이었다. 유니폼만 봐도 맛있겠다는 생각이 들도록 하는 게 마케팅 포인트였는지 맥주 색깔이었다. 싸구려 재질이었지만, 내가 걱정했던 모습은 아니었다. 짧지도, 몸에 붙지도 않았다. 그래도 싫었다.

첫 출근날, 마트 휴게실 거울에 비춰본 유니폼 입은 나에게서는 진짜 내 모습이 보이지 않는 것만 같았다. 사람들이 나를 비웃거나 희롱할까봐 겁났다. 그런 일을 당하면 무너질 것 같았다. 그냥 집에 갈까도 싶었지만, 나는 이 돈이 필요했다. 외국에서 돈이 없다는 말은 끼니를 챙길 수 없고 집에서 쫓겨날 수도 있다는 생존의 문제였다. 어떤 달은 한국에서 돈이 왔지만, 어떤 달은 연락조차 오지 않았다. 한국에서 최대한 많이 벌어가는 게 이 굴레에서 벗어날 수 있는 가장 빠른 방법이었다. 가슴은 도망가자 하는데 발이 어쩔 줄을 몰라 했다. 어떻게 해? 발을 떼어서 이대로 나가도 되는 거야? 온갖 생각이 밀려오며 머리가 터질 것만 같았다. 이내 눈에서 열이 났다. 억눌린 울음은 곧 대성통곡으로 바뀌었다. 내 인생은 어디쯤에 있을까. 어릴 적 내 꿈과는 얼마나 멀어져 있을까. 내 속에서 무언가가 무너져내리기 시작했다. 몸이 떨려왔다. 얼굴을 무릎에 파묻은 내 안에서 비명이 들려왔다.

나는 지금 스스로를 돌보려는 것인데 그게 부끄러운 일이야?

아니다. 맥주색 유니폼을 입은 내 꼴이 창피해도 부끄럽지는 않았다. 스스로를 포기하는 것이야말로 정말 부끄러운 일이다. 그러니 다 괜찮다. 내가 약해지지만 않으면 된다. 약해지지만 않으면 괜찮다…… 몸의 떨림이 멈춰왔다. 나는 자리에서 일어나

휴게실 문을 밀고 나갔다.

이것이 내가 기억하는, 어른이 된 장면이다.

◐

이 모든 게 고작 10여 년 전의 일이지만, 전생처럼 아득하다. 직접 겪은 일이라고는 도무지 생각되지 않는다. 이상한 일이다. 그간 까맣게 잊고 살았던 것도 아닌데 말이다. 최근까지도 나는 이 시절의 이야기를 종종 말하곤 했다. 2000년대 동대문 옷가게 사장님 캐릭터가 유튜브 〈피식대학〉에서 크게 성공했을 때, 나는 자랑스레 말했다. "나도 저기서 일했었잖아. 난 정말 잘 팔았어." 그럼 우리도 '앵커가 동대문에서 옷 판 썰 푼다'는 썸네일을 만들어 조회수 뽑아보자는 농담에, 좋다고 맞장구치기도 했다. 앵커가 되고 처음 한 인터뷰에서는 누가 묻지도 않았는데 맥주 아르바이트 이야기를 꽤 자랑스럽게 늘어놨다.

나는 스스로가 자랑스러웠다. 남들은 잘 모르는 고수익 아르바이트를 찾아낸 취재력, 일단 부딪쳐보는 도전 정신, 손님들을 매혹해 물건을 완판시키는 설득력을 그 시절부터 갖고 있었다는 사실이.

그런데 이 글을 쓰느라 그때 썼던 일기를 들추고 오랫동안 찾지 않던 기억을 더듬으며 살려낸 과거는 내가 기억했던 것과는 많이 다른 모습이었다. 그때의 나를 잠식하고 있던 불안과 우울, 막막함, 두려움이 다시 덮쳐오며 깊은 바닷속으로 끌려들어가는 것만 같았다. 그리고 평소와 다를 바 없이 뉴스를 진행하던 어느 날, 인이어를 착용한 왼쪽 귀가 돌연 먹먹해졌다. 정말로 깊은 물속에 잠긴 것처럼.

"최근에 크게 스트레스 받는 일이 있었나요?" 내 귀를 들여다본 의사는 물어왔다. 돌발성 난청. 그가 진단한 병명이었다.

그뒤로도 한동안 내 귀는 돌아오지 않았다. 멀쩡하다가도 갑자기 먹먹해졌다. 그럴 때마다 나는 스스로를 다독였다. 네가 불안해하고 두려워하는 게 무엇이든 이제 다 끝났다고. 너는 안전하다고. 한참 뒤 청력을 다시 회복할 때쯤, 나는 깨달았다. 그동안 내가 얼마나 인생의 이야기를 잘 골라내 스스로에게 들려주고 있었는지를. 나는 세상이 갑자기 나에게 얼마나 매서웠는지, 불공평했는지, 그래서 내가 얼마나 외롭고 가여웠는지 들려주지 않았다. 자기 연민에 빠지도록 두지 않았다. 대신 내가 얼마나 용감했는지, 지혜로웠는지, 강했는지 들려주며 스스로를 자랑스럽게 여기라고 말해주었다. 타인들이 건넨 작은 도움과 보호를 받으며, 그래도 망가지지 않고 잘살아왔다고도 전해주었다. 나는 스스로에게 '용기 내는 사람, 도전하는 사람, 해내는 사람, 행운이 따르는 사람'이라는 이름표를 붙여주었다. 그리고 그 이름표들은 저마다 각각의 등불이 되어 나의 삶을 이끌어주었다.

  이제 나는 안다. 나라는 인간, 나의 인생은 결국 그 모든 것을 겪어낸 내가 어디에 애써 주목하느냐에 달려 있다는 것을. 이 모든 것을 알게 되자 간절히 바라게 된다. 상처 많은 세상에서 당신만은 당신의 편이 되어주기를. 당신의 인생에서 가장 좋은 이야기를 애써 고르고 골라 스스로에게 들려주기를.

TAKE 03　　　　　　　　　　　　　　　　　　　　　　　　NEWS

Who Cares!

　　어렵사리 대학에 입학했을 땐, 그래도 이제는 한숨 돌릴 수 있을 줄 알았다. 그런데 북경대는 들어가는 것보다 나오는 게 더 어려운 곳이었다. 중간에 포기하고 돌아가는 사람들도 있었다. 하지만 그건 돌아갈 곳이 있는 사람만이 할 수 있는 선택이었다. 나는 돌아갈 수 없었다. 말하자면 그들은 왕복 티켓을 들고 있는 사람, 나는 편도 티켓만 갖고 온 사람이었다. 그런데도, 어쩌면 그래서, 전공을 하나 더 늘렸다. 방송사에서 일하고 싶어 관련 과에 입학했지만, 경제학과가 취업이 잘된다는 말에 복수전공까지 한 것이다.

　　독특하게도 북경대에선 경제학 복수전공은 타대학인 칭화대

학생들까지 받아 '중국경제연구소'라는 곳에서 공부하도록 했다. 국가 경제를 이끌 인재를 기르겠다는 취지였다. 그러다보니 수업도 주로 주말에 했다. 휴일도 없이 일주일 내내 학교에 가며 한 학기당 34학점을 꽉꽉 채워 들어야 했는데, 그보다 힘들었던 건 중국 친구들이 정말, 매우 뛰어나다는 점이었다. 군계일학이 아닌 군학일계. 학 무리에 낀 한 마리의 닭이 나였다.

한번은 오기가 나 '선형대수학'이라는 과목을 방학 때부터 예습하며 열을 올렸다. 언어가 아닌 숫자의 영역인 만큼, 나로서는 계급장 떼고 붙는 진검승부 같은 것이었다. 결과는 86점. 처음으로 받은 높은 점수에 떨듯이 기뻤다. 그런데 중국 친구들은 다 맞거나 실수로 하나 틀렸다는 것 아닌가. 중간고사가 쉬웠으니 기말고사는 틀림없이 어려울 거라는 걱정을 늘어놓기까지 했다. 사춘기인 중학생 때도 시험으로 울어본 적이 없던 나인데, 그날은 훌쩍대며 기숙사로 돌아갔다. 그런 닭 주제에 중국 정부가 주는 성적 우수 장학금은 받아야만 했으니 불안이 함께하지 않는 밤이 없었다.

그래도 베개에 얼굴을 파묻고 펑펑 우는 것만큼은 경계했다. 울기에는 참, 적합하지 않은 침대였기 때문이다. 다리를 쭉 펴면 발이 삐죽 튀어나오는 기숙사 침대는 우는 사람을 더 초라

하게 했다. 일 분 울 것도 한 시간 울게 만들었다. 낡은 침대는 언제나 꼬리에 꼬리를 무는 신세한탄으로 이어졌고, 애당초 왜 울게 됐는지조차 잊어버리는 지경에 이르게 했다. 침대가 그토록 작았던 것은 방이 작았기 때문이다.

두 명이 함께 쓰는 방은 침대와 책상 하나씩 두면 꽉 차서 작은 냉장고 하나 둘 공간조차 없었다. 샤워실도 화장실도 공용, 심지어 모두 21세기의 것이라고는 믿기지 않을 정도로 낡고 더러웠다. 바로 옆에 방마다 최신 화장실이 딸린 유학생 기숙사가 있었지만, 몇 배나 비쌌다. 위생도 돈으로 사는 거라는 사실을 그때 배웠다. 여름에는 에어컨이 없어 더웠고 겨울에는 얇은 창문이 바람에 깨질까봐 전전긍긍해야 했지만, 우리 기숙사는 전기료, 수도세를 모두 포함해 한 달에 10만 원 정도만 내면 됐다. 끝이 정해져 있지 않았다면 견디기 힘들었을 고단한 나날이었다.

◉

마침내 2011년이 됐다. 북한 김정일이 열차 안에서 사망하고, 오사마 빈 라덴이 사살되고, 강도 9.0의 강한 지진이 일본을 덮치며 후쿠시마 원전사고가 나고, 우리나라에 종편이 출범하고, 스티브 잡스가 세상을 떠난 그해, 나도 졸업했다. 그런데 막상 결승선에 다다랐을 때 이해할 수 없는 일이 벌어졌다. 이제 딱 한 번만, 정말 딱 한 번만 더, 힘차게 땅을 박차고 뛰어나가면 되는데 그 한 발을 떼지 못하겠다는 것이다.

늪에 빠진 것만 같았다. 움직이려 하면 할수록 더욱더 꼼짝할 수 없게 됐다. 더이상은 못 하겠다는 생각에 점점 끌려들어가 겨우 턱만 내밀고 뻐끔뻐끔 숨을 쉬게 됐을 때, 축 늘어진 몸을 애써 일으켜 난생처음으로 정신과를 찾아갔다. 살고 싶지 않다는 생각을 하는지, 몇 번이나 했는지, 잠은 잘 자는지, 의사는 이것저것 체크하더니 약을 내주었다. 이 약을 다 먹고 다시 오라고 했지만 가지 않았다. 당시 사회가 정신과에 갖고 있던 편견과 두려움이 나에게도 있던 것이다.

단 한 번의 진료였지만, 그럭저럭 효과가 있던 건지 무기력함 속에서 무언가가 솟구쳤다. '아직 못 해본 게 많은데……'라는 억울함이 내 안에서 쪼르르 한줄기 흘러나오더니 이내 콸콸콸 터져나왔다. 그리고 그 억울함은, 지금 생각해도 잘 이해는 안 가지만, 난데없이 뉴욕으로 방향을 틀었다.

'아직 뉴욕 한 번 못 가봤는데…… 뉴욕 한 번 못 가봤어…… 뉴욕…… 뉴욕……'

찰랑찰랑, 방안이 내가 토해낸 뉴욕으로 가득찼다. 그런데 정말 왜 뉴욕이었을까? 9·11 테러를 뉴스에서 본 그날 이후 뉴욕에 대해 딱히 생각해본 적도 없었는데 말이다. 사실 뉴욕뿐 아니라 그 어떤 도시도 마음에 둔 적이 없었다. 방학이면 파리로, 로마로 여행을 떠나는 친구들이 많았지만 난 그럴 형편이 아니었기 때문에 관심을 두지 않으려 애썼다. 어쩌면 그래서였을까? 내 마음에 한 번이라도 들어온 도시가 뉴스에서 본 뉴욕 밖에 없어서? 이유야 모르겠지만, 여하튼 그때 나는 뉴욕에 가야만 했다. 장학금과 아르바이트하며 모아둔 돈을 다 합치면 겨우겨우 가능했다.

밤 11시, 비행기에서 내려 향한 곳은 맨해튼이 아닌 플러싱이었다. 플러싱은 뉴욕을 동서로 가로지르는 지하철 7호선의 종점으로, 중국인과 한국인이 몰려 사는 동네였다. 뉴욕은 잠들지 않는 도시라 들었는데, 플러싱은 벌써 잠들어 있었다. 어두컴컴한 거리 속에서 간신히 한인 민박을 찾아 문을 두드리니 내 또래로 보이는 매니저가 반겨주었다.

"웰컴 투 뉴욕!"

날이 밝고 둘러본 동네는 전혀 '뉴욕'스럽지 않았다. 영어보다 중국어가 더 많이 들렸고 가난한 이민자들의 삶이 군데군데

묻어 있었다. 이런 동네여도 물가는 살인적일 거란 생각에 주린 배를 움켜쥐고 맥도날드에 들어갔다. "원 빅맥 플리즈." 햄버거를 한입 베어 먹는데 대각선 테이블의 동양인과 눈이 마주쳤다. 그의 테이블에도 콜라나 감자튀김은 없었다. 플러싱 맥도날드에서 햄버거 하나만을 시켜 먹는 동양인. 동지였다.

그에게 중국어로 말을 걸었다. 같은 처지라 그런지 그는 꽤 친절했다. 선배로서 뭐든 한 수 알려주겠다는 태도였다. 나는 그에게 여기서 얼마나 살았는지, 뭘 하며 살고 있는지 꼬치꼬치 캐물었다. 그는 뉴욕에 온 지 7년 정도 됐다고 했다. 일할 수 있는 비자가 있느냐고 묻자, 그는 뭐 그런 당연한 걸 묻느냐는 투로 어깨를 으쓱했다. 여기 있는 중국 사람들은 대부분 비자 없다고, 들키지 않고 버티면 된다고 했다. 깜짝 놀라 그래도 되느냐고 하자, 그는 당시 미국 대통령 이름을 외쳤다. "오바마!"

뉴욕까지 와서 맨해튼 한 번 안 가고 내내 플러싱에만 머물렀다. 나름 탐색전을 한 것이다. 맨몸으로 날아와 뉴욕에 뿌리를 내리고 살아가는 사람들을 보며, 마음만 먹으면 나도 충분히 그럴 수 있겠다는 막연한 생각을 하게 됐다. 뉴욕의 물가가 그렇게 살인적이지 않다는 것도 알게 됐다. 고기나 과일, 야채 같은 건 한국과 비슷하거나 더 저렴했다. 문제는 집값이었는데 그건 민박집 매니저가 힌트를 줬다. "집 관리를 도와주면 집값을 안 내도 되거든요." 방 여러 개 있는 아파트를 빌리고, 남는 방을 단기 연수생이나 여행객에게 빌려주며 렌트비를 해결하는 사람도 많다고 했다.

여차하면 여기서 살아갈 수 있겠다는 작지만 확실한 희망 한줄기를 잡게 된 나는 그제야 맨해튼행 지하철에 몸을 실었다. 지하철은 낡고, 어둡고, 더러웠다. 하지만 지하철역을 빠져나오자 신세계가 펼쳐졌다. 엠파이어스테이트 빌딩, 록펠러센터, 뉴욕 라이브러리, 그랜드센트럴 스테이션, 센트럴파크, 플라자 호텔…… 모퉁이를 돌 때마다 계속해서 엄청난 것들이 튀어나왔다. 그리고 타임스스퀘어. 뉴요커는 절대 부러 찾아가지 않는 곳이니 굳이 안 가도 된다는 말을 들었던 그곳에서, 나는 뜻밖의 평안을 찾았다.

바로 여기가 잠들지 않는 도시라고 외치듯 번쩍번쩍한 전광판 사이로 우뚝 솟은 탑이 보였다. 광고판을 위에서부터 훑어본다. 모르는 브랜드, 글로벌 투자은행, 외국 나오면 다 애국자 된다는 말을 언제나 증명해내는 삼성, 코카콜라…… 그리고 타임스스퀘어의 상징인 빨간 계단. 태어나 처음으로 레드카펫을 밟는 신인배우처럼 황송하고도 조심스러운 발걸음으로 한 칸 한 칸 올랐다. 마침내 꼭대기에 도착하곤 몸을 홱 돌리자 나는 그만 깜짝 놀라고 말았다. 내 발밑 아래 기쁨과 행복이 넘실넘실 춤을 추고 있었다. 드디어 내가 이곳 타임스스퀘어에 왔다는 환희로 가득찬 두 눈, 환호를 내지르고 있는 입. 모두가, 정말 모두가 행복한 얼굴이었다. 뉴요커는 오지 않는, 관광객만 찾는 곳이라 가능한 풍경이었다.

밀물과 썰물처럼 행복한 얼굴들이 빠져나가고 새로 채워지는 내내, 나는 바위섬처럼 우두커니 자리에 앉아 있었다. 행복은 바위섬 곁을 흘러가며 오래도록 지저귀었다. 웃음이 나더니 울음이 터졌다. 풍경이 없으면 풍경화라도 보고 싶은 게 사람의 마음이라더니, 행복한 사람들을 보니 좋았다. 모래알이 파도에 남김없이 쓸려가듯, 나의 묵은 고단함이 깨끗이 쓸려갔다. 오랜만에 홀가분했다.

◎

그렇게 뉴욕에서 1년 반 동안 살았다. 뉴욕에 있는 동안은 내내 운이 따랐다. 컬럼비아처럼 학비가 비싼 명문 사립대에는 못 갔으나, 여러 도움을 받아 뉴욕 시립대에서 공부했고, 마음씨 좋은 한인 노부부를 만나 (비록 생쥐 식구들도 건물 어딘가에서 함께 살아가고 있었지만) 말도 안 되게 싼 값에 방을 구하기도 했다. 우리집 상황도 점점 나아졌고, 북경대 졸업장이 있으니 한국에서 번역 아르바이트 같은 것을 구하기도 훨씬 수월했다. 나는 곧 빨래골을 사랑했던 것처럼 뉴욕도 사랑하게 됐다.

뉴욕은 형편이 넉넉하지 않은 이방인에게도 자신의 아름다움을 너그러이 허락하는 도시였다. 돈 안 내고 누릴 수 있는 아름다움이 차고 넘쳤다. 우선 메트로폴리탄. 그곳을 처음 간 날은 누구나 잊지 못할 것이다. 그때만 해도 메트는 입장료 대신 각자가 원하는 만큼 기부금을 내고 들어갈 수 있었다. 미술관도 처음인데 입장료를 스스로 정해야 하다니. 얼마를 내야 손가락질당하지 않는 건지 도무지 감이 오지 않았다.

내 차례가 됐을 때, 나는 부르는 대로 값을 지불할 의사가 있다는 것을 보여주려 활짝 연 지갑에 손을 집어넣은 채 '처음이라 잘 몰라서 그러는데 학생은 어느 정도 내야 하느냐'고 물었다. 무뚝뚝한 표정의 흑인 직원이 내 얼굴을 물끄러미 쳐다봤다. 내가 실례한 건가 싶었다. 식당에서 팁을 얼마나 줘야 하느냐고 묻지 않는 것처럼, 이곳에서는 기부금에 대해 묻지 않는 게 암묵적 룰이었나. 얼굴이 달아오르기 시작하는데, 직원이 내 쪽으로 몸을 기울였다. 그러고는 내 지갑 안에 있는 작은 동전 하나를 가리켰다. 그 손짓에 따라 내가 동전을 꺼내들자 그녀는 싱긋 웃었다.

"Enjoy."

겨우 몇 센트면 되는 것이었다니! 뉴욕의 너그러움에 다시 한번 감복했다.

매끄러운 대리석 바닥을 밟으며 미끄러지듯 메트에 입성한 나는 이곳을 모조리 정복하리라는 열정으로 불타올랐지만, 곧 엄청난 규모에 미아가 되어버리고 말았다. 나는 길을 헤매며 그리스·로마 시대에서 르네상스 시대로, 프랑스에서 피렌체로, 이집트의 이름 모를 조각가에서 모네로, 드가로, 고흐로…… 시대와 장소, 사람을 넘나들었다. 이제는 죽고 사라진 거장들의 작품이 별안간 튀어나왔다가 등뒤에서 사라졌다. 거대한 환상 속에 빠져든 듯했다. 이제 나는 의도적으로 길을 잃고 있었다.

그뒤로 틈만 나면 메트를 찾았다. 내가 가진 가장 깔끔한 옷을 차려입고, 지갑에 개중 가장 빳빳한 1달러를 고이 넣는 것으로, 위대한 뮤지엄에 대한 예우를 갖췄다.

종종 메트 말고도 모마, 구겐하임, 휘트니 같은 미술관들을 찾기도 했다. 하나같이 아름다웠고, 이방인인 나에게도 그 아름다움을 기꺼이 허락해주는 곳들이었다. 보통은 무료입장할 수 있는 도네이션 데이 때 방문했지만, 종종 친구의 학생증을 빌려 불쑥 찾아가기도 했다. 파슨스나 FIT 같은 예술대 학생들에게는 거의 모든 미술관이 무료였고, 미술관 직원들은 동양인의 미묘한 다름을 구별하지 못했다(이 점은 정말 미안하게 생각한다. 다시 뉴욕에 간다면, 두 배, 세 배로 기부금을 내고 오겠다).

메트가 영원히 그 자리에서 변치 않고 계속해서 기다려주는 사랑이라면, 링컨센터는 오직 한순간만 존재하다 소멸하는 사랑이었다. 모네나 드가는 오늘 보고 내일 또 볼 수 있었지만, 뉴욕필하모닉의 오케스트라, 메트로폴리탄의 오페라, 아메리칸발레시어터와 뉴욕시티발레단의 발레는 아니었다. 다시는 돌아오지 않을 순간이 될 거라는 사실은 늘 나를 집중하게 했다.

부드러운 빛이 차분하게 비춰주는 계단 위에서 우아하게 춤을 추는 분수대. 나는 그 앞에 서는 것만으로도 존귀한 존재가 되는 느낌을 받는다. 그에 걸맞은 고상한 발걸음으로 분수대를 지나 링컨센터로 들어간 뒤 사뿐히 자리에 앉는다. 잠시 뒤 불이 꺼지고 일순간 객석의 웅성거림이 멈춘다. 가장 좋아하는 순간이다. 모두가 숨죽이고 단 하나의 선율이 시작되기만을 기다리는 것이 애틋하다. 곧 연주가 시작되고 악보가 없는 우리는 언제 활을 들어야 하는지, 어디서 플랫이 사라지는지 따위의 고민 없이 그저 선율이 주는 아름다움에 흠뻑 젖는다. 불안도, 고뇌도, 걱정도 이 순간만큼은 모두 사라진다. 선율이 잦아들고 다시 고요가 찾아오면 "브라보!" "브라바!" 외침이 터져나온다. 소심한 관객인 나는 자리에서 일어나 우레와 같은 박수를 보내는 것으로 대신한다. 이제부터는 우리가 공연자고 공연자들이 관객이다. 저마다의 방식으로 감동을 노래하는 우리를 그들이 반짝이는 눈으로 바라본다. 사라지는 모든 것은 애틋하다. 아름다움이 한줌도 남지 않고 모두 떠나간 것을 확인한 나는 내가 누린 모든 것이 '학생 할인' 덕분이라는 것을 떠올리고 다시 한번 뉴욕에 경의를 표한다.

나의 안식처, 타임스스퀘어도 빠질 수 없다. 나는 언제나 조금 돌더라도 타임스스퀘어를 통과해 가곤 했다. 행복한 사람들 속의 나, 이제는 나도 풍경이었다. 내가 사람들을 내려다본 빨간 계단은 사실 브로드웨이의 티켓박스 TKTS로, 여기선 당일 남은 티켓을 싸게 살 수 있었다. 하지만 나에게는 여전히 부담스러운 가격이었고, 나 같은 사람들을 위해 '로터리 티켓'을 운영하는 공연이 많았다. 말 그대로 복권처럼 당첨되면 좋은 좌석을 매우 저렴한 가격에 주는 제도였다.

이 티켓의 존재를 알게 된 건 뮤지컬 〈더 북 오브 몰몬 The Book of Mormon〉 덕분이었다. 공연장 앞에 사람들이 몰려 있는 것을 발견하고는 무슨 일인지 물어보니 직원이 친절히 응모해보라고 권한 것이다. "펜 있어요?" 나는 가방을 뒤적거려 주황색 펜 하나를 꺼낸 뒤, 그가 건넨 종이에 이름을 적었다. "미…… 미농…… 해앤?" 그는 내 이름을 읽어보고는, 종이를 반으로 접어 박스에 넣어주었다. 그러고는 여행 온 건지, 뮤지컬을 좋아하는지 물어봤다. 학생이고 뮤지컬은 아직 한 번도 못 봤다고 하자, 그는 깜짝 놀란 토끼 눈을 하고 나를 쳐다봤다. "꼭 운이 좋아야겠는데." 하지만 나는 이런 것에 당첨되어본 적이 없었고, 역시나 이날도, 이름이 불린 사람들이 와아 소리를 지르며 냅다 달려나가는 모습을 지켜보고만 있었다. 그런데 마지막으로 "미농!" 내 이름이 불렸다. 그는 종이를 건네며 뿌듯한 얼굴로 "첫 브로드웨이 축하해요!"라고 외쳤다. 그의 얼굴에 떠오른 선명한 '뿌듯함'을 보며, 혹시 그가 종이 사이로 비친 주황색 글씨를 몰래 보고 나를 뽑아준 건가 싶었다. 뉴욕에는 언제나 그런 사랑스러운 반칙이 숨어 있었기 때문이다.

그 덕분에 보게 된 뮤지컬은 메트나 링컨센터와는 또다른 의미로 굉장했다. 비록 몰몬교에 대한 배경지식도 없고, 스토리도 몰랐기 때문에 남들이 웃을 때 웃지 못하는 경우도 더러 있었지만, 무대를 꽉 채운 열정 어린 에너지만큼은 고스란히 전해졌다. 그 흥겨움은 공연장을 빠져나와 잠자리에 누운 뒤에도 쉽게 가라앉지 않았고, 나는 한동안 양말을 찾을 때도 뮤지컬 배우처럼 "웨얼 이즈 마이 싸아아아악스?" 노래를 부르듯 말하게 됐다. 그것을 시작으로 도장 깨기 하듯 공연장을 돌며 로터리 티켓에 응모했다. 한 번에 당첨된 적은 없었지만, 진짜 복권과는 다르게 계속 도전하다보면 언젠가는 내 이름이 불렸다.

뮤지컬, 오케스트라, 오페라, 발레, 미술관…… 모두 태어나 처음이었다. 예술이 주는 벅차오르는 감동, 그 아름다움. 흑백 같던 내 인생에 색이 입혀졌다. 왜 어떤 정치인이 국민 모두가 악기 하나쯤 다루는 나라를 꿈꿨는지 이해하게 됐다. 이런 아름다움을 향유할 수만 있다면 큰돈을 벌지 못해도, 대단한 무언가가 되지 않아도 인간답게 살아갈 수 있을 것 같았다. 이렇게 평생 살아도 좋겠다는 생각이 들었다. 도망칠 곳만 있던 나에게 아주 오랜만에 돌아갈 곳이 생겼다. 혈연도 연고도 없는 외딴 도시에 이런 감정을 품었다는 것이 엉뚱하게 들리겠지만, 정말 그랬다. 비로소 나도 왕복 티켓을 가진 사람이 되었다.

뉴요커들도 소문과 달리 다정했다. 이삿날, 이삿짐 차를 빌릴 돈이 없어 짐을 이민가방에 담아 여러 번 왔다갔다해야 했는데, 뉴요커들은 단 한 번도 나 혼자 옮기도록 두지 않았다.

한사코 거절했는데도 양복 입은 어깨 위로 이민가방을 번쩍 둘러멨던 흑인 아저씨의 뒷모습은 지금도 그릴 수 있을 정도로 선명하다. 우리 동네 마트 앞에 살던 홈리스 아저씨가 더이상 보이지 않게 됐을 때, 그 자리에 붙어 있던 안내문도 생생하다. "지미를 추모하고 싶으신 분은 ○○시까지 ○○로 와주세요." 그의 이름이 지미라는 것을 그제야 알게 된 것을 나는 오래도록 후회했다.

홈리스의 장례식을 열어줄 만큼 다정한 뉴요커들은 수다쟁이이기도 했다. 그들은 시도 때도 없이 말을 걸어왔는데 모두가 나에게 필요한 말이었다. "좋은 아침!" "오늘 날씨가 정말 좋아요!" "당신 모자 멋진데요?" "도와줄까요?" 그렇지만 나에게 정말 필요했던 말은 따로 있었다. 오랫동안 기다려왔지만 듣기 전까지는 필요로 해왔다는 것조차 몰랐던 말이었다.

맨해튼에 입성한 지 얼마 안 됐을 때 핼러윈 퍼레이드가 열렸다. 영화 세트장을 방불케 하는 코스튬과 분장을 보며 명절에 이렇게까지 진심이라는 데 놀라버렸다. 나는 귀신에 홀린 사람처럼 피에로, 좀비, 미라, 초록 마녀, 이름 모를 귀신들을 따라가기 시작했다. 그러다 문득, 나만 아무런 분장도 하지 않은 '인간'이란 사실을 깨달았다. "저기, 나처럼 코스튬 안 한 사람도 행진에 껴도 되는 거야?" 옆에 있던 악마 뿔을 한 무리에게 다

급히 물었다. 그러자 악마 한 명이 내 팔짱을 끼더니 시뻘건 입을 활짝 찢으며 말했다.

"Who cares!"

무슨 상관이야, 네 맘대로 해, 같이 걷자. 그렇게 나는 온갖 유령들 사이 유일한 인간이 되어 다운타운을 누볐다. 으스스해야 마땅한 날이었지만, 내가 느낀 건 따뜻한 자유였다. 따뜻한 자유. 그것은 자유를 누림으로써 져야 할 책임이 무엇일지 걱정하지 않아도 되고, 그 책임을 오롯이 혼자 져야 하는 것도 아닌 안전한 자유였다.

그뒤로도 나는 내 마음대로 하라는 그 격려의 말을 꽤 자주 듣게 됐다. 브로드웨이에서 뮤지컬 덕후들 손에 이끌려 함께 노래를 부르게 됐을 때 "여기서 노래를 불러도 되는 거야?" 걱정하며 물었을 때에도, 블랙프라이데이 세일 매대 거울 앞에서 이런 화려한 색을 입고 돌아다녀도 되는 건지 요리조리 비춰볼 때에도, 내가 찍은 사진을 〈뉴욕타임스〉에 제보하며 인턴을 시켜달라고 해도 되는 것인지를 고민할 때에도, 그 말을 듣게 됐다.

"오, 허니. 너 지금 어디에 있는지 잊은 거야? 여기 뉴욕이야! 하고 싶은 대로 뭐든 마음껏 해보렴."

뉴욕에서는 뭐든 해도 괜찮았다. 아니, 할 수 있었다. 음…… '해야만 했다'는 것이 더 알맞은 표현이겠다. 그렇다. 뉴욕에서는 모두가 자기 인생을 살아야 했다. 자기만의 인생을 살아가지 않는 자, 모두 유죄였다.

그런 의미에서 그랜드센트럴 스테이션에서 만난 흑인 아저씨는 '무죄'였다. 그의 건반은 훌륭했다. 어디론가 떠나려고 바삐 움직이는 사람들의 발길을 멈추게 할 정도로. 그가 몇 곡을 내리 연주하고 나자 그의 주변에는 꽤 많은 관객이 모여 있었다. 아저씨는 흡족한 표정으로 손가락을 더욱 바삐 움직였다. 곡은 클라이맥스를 향해 달려가고 있었다. 그때 등뒤로 익숙한 언어가 들려왔다.
"정말 잘 친다. 저렇게 잘 치는데도 거리에서 공연해야 하다니. 딱하네."
딱하네, 라는 말과 동시에 아저씨의 연주도 끝이 났다. 박수 소리가 그들의 대화를 덮어버려 이어지는 대화는 듣지 못했다. 아저씨는 커다랗고 기다란 손을 가슴 앞에 가지런히 모은 채,

하얀 이를 환하게 드러내며 활짝 웃고 있었다.

지하철에 몸을 싣고 집으로 돌아가는 내내 "딱하네"라는 말이 머리를 떠나지 않았다. 아저씨는 딱한 사람인가? 길거리에서 공연하는 게 꿈인 사람은 없긴 하겠다. 카네기홀, 적어도 재즈바에서 공연하는 것을 꿈꿨겠지. 뭐, 잘 풀렸다고는 볼 수 없으니 딱하다고 할 수도 있겠다. 그런데 딱한 사람이 그렇게 행복하게 웃나?

꼬리에 꼬리를 무는 질문은 차가운 샤워 물에도 씻겨내려가지 않았다.

아저씨도 처음에는 대단한 곳에서 공연하는 것을 꿈꿨을지 모르지. 하지만 그게 전부는 아니지 않았을까? 그저 연주를 할 수만 있다면 좋다고 생각했을 수도 있지. 사랑하는 음악을 할 수 있고, 들려줄 수 있고, 내 연주를 듣고 사람들이 행복해한다면 더할 나위 없다고 여겼을 것 같아. 그러니 그렇게 웃는 거 아니겠어?

생각은 며칠 내내 이어졌다. 아저씨 말이야. 그날 연주 끝나고 집으로 가는 길에 당장 다음달 렌트비를 걱정하고, 젊은 날의 치기였다고 후회한 거 아냐? 어쩌면 다른 일을 하며 생계를 꾸려나가고 있을 수도 있겠다. 평소에는 그 일을 하다가 자신을 잃어가는 것 같을 때만 맨해튼에 나와 연주를 하는 거지.

아저씨에 대한 생각은 시간이 많이 흐른 뒤에도 불쑥불쑥 튀어나왔다. 물 한 병 들고 센트럴파크를 산책하다가도, 학교 앞에서 1달러짜리 피자 한 조각을 베어 물다가도 갑자기 떠올랐다. 질문은 결코 멈추지 않았다. 풍성해지기만 했다. 그리고 어느덧 질문은, 더이상 아저씨를 향해 있지 않았다. 나를 향해 있었다. 나라면 어떨까. 좋은 대학 나와 번듯한 기업에 취직하는 것만이 내 앞에 놓인 유일한 인생이라고 스스로 다독여온 '유죄' 인간, 나라면?

나라면…… 나의 꿈을 외면하지는 않을 것 같아. 최고가 되려고 애쓰겠지만 되지 못했다고 해서 좌절하지도 않을 듯해. 어디에서 피아노를 치느냐는 크게 중요하지 않아. 나의 음악을 들려줄 수 있고, 내 연주를 들은 사람들이 행복해한다면, 거기서 내 삶의 의미를 찾을 수 있을 거야. 그래, 맞아. 난 그것만으로도 기쁠 것 같아. 하지만 생계만큼은 꾸려나갈 수 있어야 해. 암, 그래야지. 아픈데도 병원 가는 걸 주저하는 처지가 된다면 내 꿈을, 내 지난날을, 젊은 날의 용기를 저주하게 될 수도 있어. 음악으로 승부 보기 어렵다는 판단이 들면 빨리 다른 일을 찾자. 빨래방 같은 걸 하면서, 주말엔 그랜드센트럴 스테이션, 센트럴파크, 유니언스퀘어…… 내키는 곳에서 공연을 하는 거야. 그러면 내 꿈을 영원히 지키면서 살아갈 수 있지 않을까.

나의 답이 점점 선명해져가던 어느 날, 여느 때처럼 타임스스퀘어를 거쳐 집으로 돌아가고 있었다. 그런데 타임스스퀘어의 공기가 평소와 미묘하게 다른 게 느껴졌다. 저멀리 경찰들이 몰려 있는 것이 보였다. 가까이 가보니 반짝이는 무언가가 눈에 띄었다. 한 남성이 큰 식칼을 당장이라도 내려찍을 자세로 들고 있었다. 경찰은 그를 관광객이 없는 아래로 몰았다. 남자는 발에 스프링이라도 달린 듯 겅중겅중 뛰었다. 그렇게 32번가까지 내려갔을 때, 갑자기 동서남북 사방에서 NYPD 경찰차가 튀어나왔다. 이제 그는 완벽히 포위됐다. 내가 가까이 다가가려 하자 경찰관 한 명이 거친 말로 제지했다. 그제야 영화 촬영이 아니었다는 것을 새삼 깨달았다. 그리고 그때, 쾅! 난생처음 들어보는 굉음이 들렸다. 깜짝 놀라 발이 얼어붙었다. 총소리였다. 곧 구급차가 와 쓰러진 남자를 싣고 갔다. 사람들은 다리에 총을 맞았다, 죽었을 거다, 떠들어댔다.

이튿날, 기사를 통해 그 남자가 죽었다는 사실을 알게 됐다. 궁금해졌다. 그는 어디서 왔고 왜 그런 칼을 들고 타임스스퀘어에 왔던 걸까. 가족은 있었을까. 그는 정말 사람들을 해칠 생각이었을까. 경찰이 제대로 대응한 건 맞을까. 답을 추측해내기에 기사는 겨우 몇 줄밖에 되지 않았다. 왜 더 보도하지 않은 거지, 하나도 중요하지 않은 사건이라고 생각한 건가, 나라면 더

전했을 텐데, 이런 생각이 꼬리에 꼬리를 물다 다시 아저씨가 떠올랐다. 아니, 내가 떠올랐다. 나는 언제나 돈보다는 가치를 좇고 싶었다. 더 큰 돈을 원한 적은 한 번도 없었다. 사회에 보탬이 되는 사람이 되고 싶었고, 정의로운 일을 하고 싶었다. 궁금한 것도 많았다. 늘 이 세상이 궁금했고, 우리 사회가 어떻게 유지되고 돌아가는지 알고 싶었다. 펜과 수첩을 들고 이곳저곳을 누비며 내가 알게 된 것을 사람들에게 들려주고도 싶었다. 펜으로 세상을 바꿀 수 있다고도 믿었다.

한때 언론인을 꿈꿨지만, '언론고시'로 불릴 정도로 경쟁률이 치열하다고 해서 꿈을 접었다. 나에게는 마음껏 실패할 여유가 없어서. 사실, 다른 일은 하고 싶지 않았다. 나도 한 번쯤은, 내 꿈을 마주하고 싶어졌다. 아저씨처럼.

몇 달 뒤, 인천행 비행기에 올랐다. 걱정과 불안이 무겁게 짓눌렀지만, 비행기는 중력을 거스르고 가뿐히 하늘 높이 날아올랐다. 저멀리, 구름 사이로 우뚝 솟은 엠파이어스테이트 빌딩이 보였다. 마음이 차분해졌다. 실패해도 괜찮다. 다시 저곳으로 돌아가면 되니까. 나는 이제 왕복 티켓을 가진 사람이었다.

TAKE 04　　　　　　　　　　　　　　　　　　　　　　　　　NEWS

실패는 실패고 넘어지면 무릎만 아프다

누군가의 실패담만큼 용기를 주는 것은 없다. 실패 끝에 성공했다면 '누구나 실패를 겪는구나!' 싶어 용기를 얻고, 실패가 그저 실패로 남았더라도 '실패해도 괜찮구나. 세상 무너지는 건 아니구나!' 하며 용기를 얻는다. 실패가 처참할수록 훌륭한 실패담이다. 그런 의미에서 나는 꽤 근사한 실패담을 갖고 있다고 할 수 있다. 들으면 '아니, 이런 것도 떨어졌다고?' 웃을 수도 있다. (그래도 괜찮다.) 나는 서류 전형이나 면접이 아닌, 스터디 모집부터 떨어졌다. 그러니까 회사가 나를 떨어뜨리기도 전에, 같은 처지인 지원자들이 먼저 나를 알아보고(?) 떨어뜨린 것이다.

언론사 채용은 예측하기 어려운 면이 있었다. 언제, 몇 명을 뽑을지조차 가늠하기 힘들었다. 어느 해에는 거의 모든 언론사가 공채를 진행했고, 어느 해에는 거의 모든 언론사가 공채를 건너뛰었다. 전형 과정도 모호했다. 채용은 보통 '서류 심사→필기시험→실무 면접→합숙 면접→임원 면접'으로 진행됐는데, 대체 필기시험은 어떤 기준으로 합격이 갈리고, 실무 면접, 합숙 면접은 무슨 차이가 있는지 감을 잡기가 어려웠다. 건너 건너 아는 사람까지, 주변을 샅샅이 뒤져봤지만 언론사에서 일하고 있는 사람은 찾을 수 없었다. 언론사 시험을 준비해본 사람조차 없었다.

나중에 안 사실이지만, 대부분의 대학은 '언론고시 준비반'을 따로 운영하고 있었다. 같은 대학 학생들끼리 함께 공부하고, 정보를 공유하며, 선배 언론인을 초청해 각종 팁을 얻고 있던 것이다. 그래도 다행인 건 내가 멋모르고 중국에 갔을 때보다는 온라인이 크게 발전해 완벽하게는 아니더라도 정보의 평등이 이뤄졌다는 것이었다.

포털 사이트 다음daum에는 언론인을 준비하는 사람들이 모인 카페가 있었다. 카페엔 채용 공고부터 과거 시험문제, 합격 후기 등 각종 정보가 올라와 있었다. 그리고 가장 중요한, 함께 공부할 사람을 구하는 '스터디 모집 게시판'도 운영중이었다. 기자 채용 전형에서 가장 중요한 과정은 필기시험, 논술과 작문 두 편의 글을 써내는 것이었다. 다른 것은 혼자 공부할 수 있어도 글만큼은 평가해줄 누군가가 필요했다. 거기에 더해 나는 정보도 얻어야 했으니 스터디는 필수였다.

모니터 앞에 딱 붙어 스터디 모집 게시판을 꼼꼼히 읽어내려 갔다. 가장 함께하고 싶은 스터디를 신중히 골라 정성스레 지원 메일까지 보내고 나니 '이제 시작이다!' 하는 설렘으로 가슴이 부풀었다. 날이 밝으면 답장이 와 있을 것이다. 스터디 멤버들을 만나면 어떻게 인사할지 머릿속으로 그려보며 스르륵 잠이 들었다. 하지만 다음날에도, 그다음날에도 답장은 오지 않았다. 조급해졌다. 2순위, 3순위로 골라뒀던 스터디에도 부랴부랴 메일을 보냈다. 그런데 이번에도 답장이 오지 않는 것 아닌가. 내 메일이 어딘가 잘못됐나 싶었다. 다른 계정을 이용해 스스로에게 메일을 보내봤다. 땅동— 몇 초도 안 돼 구글은 새 메일이 도착했다고 알려주었다. 다리를 덜덜 떨며 모니터를 째려봤다. 문득 이 모든 것이 진부한 클리셰처럼 느껴졌다. 노련하지 않은 감독이, 거절당하지 않을 거라고 믿어 의심치 않는 사람이 처절한 거절을 당하는 장면에 쓸 법한 진부한 클리셰.

답장이 온 건 다음주에서였다. 하나같이 '죄송하지만 모집이

완료됐다'고 했다. 내가 바란 결과는 아니었지만, 어쩐지 안도가 됐다. 내가 한발 늦었구나, 이미 새 멤버가 결정된 뒤에 메일을 보냈구나, 싶었다. 이제 나는 한 시간에 한 번 꼴로 카페에 들어가고 있었다. 새 모집글이 올라오면 바로 메일을 보내기 위해서였다. 하지만 결과는 달라지지 않았다. '죄송하지만 이미 구했어요.' 비슷한 답장이 도착했다. 내가 제일 먼저 지원서를 보냈을 것 같은데…… 이상했다.

스터디를 구하는 동안, 나의 하루는 도서관에서 할아버지들과 신문을 나눠 읽는 것으로 시작했다. 도서관에는 조간, 석간 등 모든 언론사의 신문은 물론 주간지, 월간지까지 다 있었다. 도서관의 신문은 여러 번 봐도 구겨지거나 너덜너덜해지지 않도록 견고한 나무봉에 끼워진 채 비닐 표지까지 씌워져 있었다. 오래된 나무책상 위에 신문을 활짝 펼쳐두고 한 장 한 장 조심스레 넘기고 있자면 신문이 마치 귀한 사료인 것만 같았다. '우리는 역사를 기록중이다'라는 거창한 말이 절로 떠오르며 허리를 곧추세우게 됐다.

오전에는 내내 신문만 읽었다. 신문 1면과 사설들을 보며 지금 대한민국에서 가장 뜨거운 이슈는 무엇인가 알아보고, 어떤 주장과 논리가 맞서고 있는지 살펴보며, 내 생각을 정리해보는 시간이다. 하루 중 가장 좋아하는 시간이기도 했다. 같은 이슈를 전혀 다른 관점으로 보도하는 언론들을 보며 어떤 날은 분개했다가, 어떤 날은 감탄했고, 어떤 날은 너그러워졌다.

  신문을 다 보고 나면 집에서 싸온 도시락을 까먹었다. 근심 걱정의 먹구름이 드리운 날이면 도서관 지하 한구석에서, 마음이 씻어둔 것처럼 화창한 날이면 도서관 맞은편 소나무 공원에서 먹었다. 도시락을 깨끗이 비우고 나면 도서관 앞 편의점까지 걸어가 캔커피를 샀다. 특별히 편애하는 제품은 없고 그저 1+1이기만 하면 됐다. 모아둔 돈을 뉴욕에서 다 써버린 탓이다. 딸칵— 바로 한 캔을 따서 홀짝홀짝 마시며 논술과 작문 주제를 골랐다. 내가 출제자라면, 지금 이 시점에 어떤 주제를 낼까. 주제를 정하고 나면, 오후 내내 글을 썼다. 다시 딸칵— 캔커피는 나의 고단함을 알아주는 유일한 친구다. 마지막으로는 머리도 식힐 겸, 시기 질투의 엄두조차 나지 않는 대단히 잘 쓴 사설이나 칼럼을 필사했다.

  치열한 하루지만, 남이 보기엔 백수도 이런 백수가 없었다. 아침부터 도서관에서 은퇴한 노인들과 함께 세월아 네월아 신문을 읽고, 두꺼운 책과 씨름하는 사람들 사이에서 노트북 하나 덩그러니 올려둔 채 톡톡 자판만 두드리고 있으니. 종종 이런 시선이 느껴지기도 했다. '저 젊은이는 뭐하는 젊은이인가……' 그럴 때면 나도 허공을 보며 속으로 중얼거렸다. '글쎄요, 저도 모르겠어요. 지금 뭐하고 있는 건지.'

◉

도서관 뒤편으론 작은 하천이 흘렀다. 그 하천을 따라 올라가면 우리집이었다. 졸졸 하천이 흐르는 소리를 들으며 집으로 돌아가는 길, 나는 스스로에게 묻곤 했다. 나아가야 할 방향을 결코 혼돈하는 법 없는 저 하천처럼, 나도 지금 옳은 방향으로 나아가고 있는 걸까? 알 수 없었다. 내가 할 수 있는 것은 그저 내 방향이 틀리지 않았기를 소망하는 것뿐이었다.

얼마 지나지 않아 나의 소망을 확인해볼 기회가 생겼다. 공채가 열린 것이다. 지금 내가 몸담고 있는 중앙그룹이었다. 필기시험은 어마어마하게 큰 공연장 같은 곳에서 치러졌다. 뒤로 갈수록 가팔라지는 구조라, 앞사람 시험지가 훤히 보였다. 그런데도 칸막이 따위는 없었다. 감독관이 빽빽이 배치돼 있지도 않았다. 시험 감독이 이렇게 허술해도 되는 건가 의아했지만, 곧 그 이유를 알게 되었다.

받아든 시험지에는 이렇게 적혀 있었다. 우선 논술.

프란치스코 1세/어나니머스/마거릿 대처/우고 차베스/레 미제라블

위 키워드 세 개 이상을 활용해 한국 사회의 문제점을 진단하고 해결 방안을 논리적으로 논하시오.

시간은 80분, 분량은 1200자.
그다음 작문 문제는 이랬다.

다음 동영상을 보고 자유롭게 기술하시오.

싸이의 〈젠틀맨〉 공연 영상에 "달아 달아 밝은 달아 이태백이 놀던 달아~" 노래를 들려주었다. 시간은 70분, 분량은 1000자. 지금 여러분의 마음, 그때 나의 마음과 같다. '이게 뭔 시험이야……?'

150분이 어떻게 흘렀는지 모르겠다. 답안지를 내고서야 겨우 정신을 차리고, 처음으로 나의 경쟁자들을 제대로 살펴보았다. 우르르 시험장을 빠져나가는 인파. 좁은 문을 향해 나아가는 검은 물결은 거꾸로 강을 거슬러올라가는 연어떼 같았다. 힘차게 도약하는 연어들. 그 속에서 나는 낙오된 연어였다.

필기시험에서 뚝 떨어졌다. 막막했다. 몇 년을 준비하는 사람도 많으니 첫 시험에서 바로 붙으리라 기대한 건 결코 아니었다. 다만, 노력한다고 되는 시험이 절대 아닌 것 같다는 확신이 생겼다. 나의 필력은 어느 정도일까? 조금만 더 갈고닦으면 붙을 수준일까, 아니면 저 바닥에 있을까. 합격하는 글은 어떤 글일까…… 스터디가 시급했지만, 계속해서 떨어지고만 있었다. 이제 나는 스터디에 '떨어지고 있다'는 사실을 인지하고 있었다. 같은 지원자들이 봐도 형편없는 사람을 언론사라고 뽑아줄까? 나의 걱정은 쓸데없이 합리적이었다.

또 공채가 열렸다. 또 필기시험에서 뚝 떨어졌다. 벌건 얼굴로 메일을 썼다. 왜 떨어진 건지 알고 싶다, 사실 이번이 처음이 아니다, 기탄없이 말씀해주실 수 없겠느냐, 제 수험 생활에 큰 도움이 될 것이다, 불쌍해서라도 답장을 보낼 수밖에 없게끔 간곡한 어조로 썼다. 하지만 차마 전송 버튼을 누르지는 못했다. 속이 시커멓게 타들어갔다. 결국 나는 그 메일을 며칠 전 나를 떨어뜨린 또다른 스터디에 보냈다. 적어도 이쪽은 답장을 보내줄 거라고 기대하면서.

며칠 뒤, 조심스러운 기색이 역력한 메일이 도착했다. 에둘러 표현했지만 한마디로 말하면 '당신에게 기대할 만한 게 없다'였다. 누구는 언시 준비반이 탄탄한 대학이라 정보를 공유해줄 수 있고, 누구는 필기시험은 모두 통과할 정도로 글솜씨가 훌륭해 배울 점이 많은데, 나에게는 아무것도 없다는 것이다. 맞는 말이었다. 나도 도움을 얻고자 스터디를 하려는 것이었으니. 이날 이후 나는 더이상 스터디에 지원하지 않았다.

그뒤로 열린 공채에서도 떨어졌다. 이번엔 심지어 서류부터 떨어졌다. 중국 정부로부터 성적 장학금까지 받았고 토익도 만점에 가까웠는데 서류부터 탈락이라는 게 납득이 안 됐다. 답답한 마음에 카페에 글을 올렸다. 나는 페이스북도 안 하는 사람이었지만, 현실 세계에선 고민을 나눌 사람이 전혀 없었다. 금세 댓글이 달렸다. '언론사는 학벌을 많이 본다. 학점이나 영어 점수는 좋은데 출신 대학이 문제였을 거다' '해외대 출신 기자 못 봤다. 알 만한 언론사에선 안 뽑아줄 거다' '눈을 낮추면 어딘가에는 붙을 수도 있겠지만, 그런 삼류 언론사에서는 기대하던 기자 생활은 못 할 거다. 제 지인이면 포기하라고 하겠다. 더 늦기 전에 기업 준비하는 게 나을 것 같다'는 내용이었다. 울화가 치밀었다. 너희들이 뭘 아느냐고, 언론사가 왜 그러겠느냐고 쾅쾅 키보드를 치다 백스페이스를 눌렀다. 두 손으로 얼굴을 감쌌다. 다 맞는 말 같았다. 뉴욕의 마법은 사라진 지 오래였다.

젖 먹던 힘까지 짜내 가까스로 마음을 추슬렀다. '다음에 더 잘하면 돼. 다음엔 꼭 붙을 거야.' 그러나 다음은 없었다. 채용이 멈춘 것이다. 언론사 세 곳이 잇달아 공채를 연 것만으로도 엄청난 행운이자 기회였다는 사실을 그제야 알았다. 그때부터 낡은 도서관의 책상이, 딱딱한 나무의자가 내는 삐거덕 소리가, 할아버지의 가래 섞인 기침이 거슬렸다. 두툼한 책에 밑줄을 긋고, 문제집을 풀고, 무언가를 달달 외우는 사람들도 꼴 보기 싫었다. 왜 나의 노력은 밑 빠진 독에 물 붓기인가. 외워서 되는 것이라면 얼마든지 외울 텐데. 정답이 정해져 있는 것이라면 어디서 틀렸는지라도 알 텐데. 이대로 영영 합격하지 못하면, 지금 내가 하고 있는 공부는 어디에도 써먹을 데가 없을 텐데.

◉

나는 지금도 넘어지며 배운다, 실패는 성공의 어머니, 이런 유의 말은 하지 않는다. 넘어지면 무릎만 까진다. 무릎만 까지면 다행이지, 다리가 부러지면? 뼈가 다 붙고 난 뒤에도 두려움 때문에 다시는 뛸 엄두를 못 낼 수도 있다. 더 크게 넘어져 영구적인 장애를 얻게 된다면? 영영 뛰지 못할 것이다. 실패도 마찬가지다. 한 번의 실패로 모든 게 끝나버릴 수도 있다. 결국 다시 일어날 수 있을 정도의 적당한 넘어짐, 다시 시도할 힘까지 몽땅 앗아가지 않을 정도의 인자한 실패여야만 하는 것이다. 그리고 이 모든 것은 주관적이다. 누군가는 이 정도 넘어지면 훌훌 털고 일어나지만 누군가는 주저앉는다. 그러니까, 넘어지며 배운다고 말하기 전에 네가 어디까지 넘어져도 괜찮은 사람인지 알라는 말이 선행되어야 한다. 그게 훨씬 쓸 만한 조언이다. 이런 생각에 이른 나는, 나란 사람은 이렇게 계속 넘어지면 다시는 일어나지 못할 거라는 결론에 다다랐다.

다시 채용 공고 게시판을 들여다봤다. 새삼 우리나라에 언론사가 참 많다는 생각이 들었다. 조선일보, 중앙일보, 동아일보, 경향신문, 한겨레신문, 한국일보 등 일간지, 매일경제, 한국경제 등 경제지, 연합뉴스, 뉴스1, 뉴시스 등 통신사, KBS, MBC, SBS 등 지상파, JTBC, TV조선, 채널A, MBN 등 종편, YTN, 연합뉴스TV 등 보도채널…… 당시 언시 준비생 사이에선 대중도 아는 언론사는 일류, 우리끼리 아는 언론사는 이류, 우리조차 몰랐던 언론사는 삼류로 통했다. 알 만한 언론사에서는 날 안 뽑아줄 거라는 댓글이 다시 떠올랐다. 일류, 이류 언론사는 안 뽑아줄 테니 그만 포기하라는 그 댓글. 또 부아가 치밀었다. 홧김에 결심했다.

'그럼 삼류로 가면 되지.'

홧김에 한 생각 중 가장 현명한 생각이었다. 어차피 나는 '어디서' 피아노를 치는 것은 중요치 않은 사람 아니었나. 1+1 캔커피도 지겨웠다. 그렇게 바로 한 언론사에 지원하고, 합격했다. 작은 경제 전문 언론사였다. 그곳은 채용 과정도 단순했다. 서류 통과 후 면접 하나 보는 게 끝이었다. 그래도 서울 여의도로 출근하는 어엿한 정규직이 됐다.

출근 첫날부터 많은 것을 배웠다. 첫째, 언론계에선 정말로 해외대 출신을 찾아보기 어렵다. 분하지만 그 댓글이 맞았다. 보도국을 돌며 인사하는데, 선배들은 이미 내가 어느 대학을 나왔는지 알고 있었다. "들었어. 해외에서 공부했다고?" "자기가 해외에서 왔다는 그 친구구나." 내가 없는 자리에서 '해외대'로 불리겠다는 것을 직감했다. "그 있잖아. 해외대 나온 친구." 내 이름이 떠오르지 않으면 이렇게들 말하리라.

둘째, 기자들은 '님' 자를 안 붙인다. 이것은 점심시간에 알게 되었다. 선배님, 하고 부르는 나에게 선배는 말했다.

"아까부터 선배님, 부장님 하는데 그냥 선배, 부장이라고 불러. 우리는 님 자 안 붙여. 부장도 부장, 사장도 사장, 대표도 대표."

기자는 국민을 대변해 껄끄러운 질문을 하고, 비판하고, 감시해야 하니 권위에 주눅들지 말라는 취지라고 했다.

"기사에도 '님'은 절대 안 써. 기사를 보는 국민보다 더 높은 사람은 없으니까. 이런 말 너무 오글거리나?"

나는 국민이란 단어를 좋아한다. 지금도.

셋째, 서울 최고의 콩국수 집은 여의도에 있다. 점심을 사주며 부장은 이렇게 말했다. "여기 와봤냐? 여기가 서울 최고의 콩국수 집이야. 이제 내가 가르칠 건 다 가르쳤다!"

넷째, 언론사는 '도제식 교육'을 한다. "수습기간 동안 이 선배 따라다니며 배우면 돼. 잘 가르쳐줄 거야. 에이스거든." 나의 사수는 딱 기자처럼 생긴 사람이었다. 어떠한 일에도 동요하지 않을 것 같은 심드렁하면서도 시니컬한 표정. "이거 오늘 나온 보도자료. 기사 써서 보내. 타사 보고 우라까이할 생각은 하지 말고. 아직 엠바고 안 풀려서 보도된 데 없다."

아, 배운 점 하나를 빠뜨렸다. 다섯번째, 언론계는 일본식 은어를 아직도 즐겨 쓴다. 우라까이는 남의 기사를 참고해 베껴 쓰는 것을 뜻한다.

두 시간여 뒤, 기사를 보냈다. 언제나 같은 표정일 것 같던 선배의 얼굴이 보기 좋게 휘어졌다. 물론 나쁜 쪽으로. "아이고, 이게 뭐야. 너 논술 준비 안 했어?" 얼굴이 달아올랐다. "기사 야마가 뭐야?" 또 일본어. 야마는 '주제'를 뜻한다. "없어? 야마 없는 기사가 어디 있냐. 이렇게 보도자료 내용 몽땅 다 쓸 거면 독자들한테 보도자료를 통째로 주는 게 낫지 않겠어?" 내가 꿀 먹은 벙어리처럼 아무 대꾸도 못 하자, 선배의 목소리가 누그러졌다.

"이 보도자료는 좀 어려운 편이긴 해. 그래도 그렇지. 기자 되려면 가장 중요한 시험이 뭐야? 논술이지? 왜 논술을 중요하게 보겠어. 기자는 기사를 써야 하는 사람이니까 그렇지? 네가 언시 준비하며 써온 논술처럼, 야마를 정하고 그 야마를 뒷받침하는 근거들을 붙이는 게 기사야."

그렇다. 논술은 그렇게 쓰는 것이었다.

"제목은 또 왜 이래. 너라면 이 기사 클릭할 거야? 애써 공들여 썼는데 아무도 안 읽으면 좋겠어? 작문을 괜히 보는 게 아니에요. 읽히는 글을 쓸 줄 아는지 보는 거야."

유레카. 논술이야 그렇다 쳐도 작문은 도대체 왜 보는 건지 늘 궁금했는데 그 이유를 이제야 알았다. "내일 12시에 엠바고 풀려. 모든 언론사가 이 자료를 보도할 거야. 하나하나 읽어봐. 어떤 기사가 가장 마음에 들고, 왜 마음에 드는지, 네 기사랑은 뭐가 다른지. 그리고 다시 써. 오늘은 첫날이니까 마음껏 고민해보라고 마감 시간을 정해주지 않았지만, 내일은 30분 안에 써보도록."

◐

이곳에서의 수습기자의 삶은 언론고시 준비생과 크게 다르지 않았다. 아침엔 신문을 읽었고 그뒤에는 글을 썼다. 물론 사무실은 도서관보다 훨씬 쾌적했다. 널찍한 나만의 책상, 큰 모니터, 빵빵하게 나오는 에어컨, 독점해도 되는 신문, 거기에 1+1 캔커피 대신 카페에서 라테 한잔 사 마실 여유까지 생겨서 그런지, 글도 더 잘 써졌다. 글을 쓰려면 연간 500파운드와 자기만의 방이 필요하다는 위대한 작가 버지니아 울프의 말은 옳았다.

내 글을 평가해주고 고쳐주는 선생님도 생겼다. 게다가 그 선생님은 언론고시 바닥에서 고수로 꼽히는 사람이었다. 모든 언론사의 최종 면접까지 가본 사람, 그게 바로 내 사수였다. "준비한 지 얼마 안 돼 최종 면접까지 간 거야. 당연히 다음엔 붙을 줄 알았지. 그런데 계속해서 최종에서 떨어지더라고. 더 포기가 안 돼서 몇 년을 준비했어." 내가 해외대 출신은 언론사에서 뽑아주지 않는다는 말에 포기하려 했다고 하자, 선배는 박장대소했다.

"야 인마, 너는 그냥 글을 못 써서 떨어진 거야. 해외 대학을 꺼리는 가장 큰 이유는 글을 못 쓸까봐인데, 네 글이 그걸 입증하고 있다고."

무뚝뚝하고 말수가 적어 보였던 선배는 알고 보니 맞는 말만 하는 사람이었다……

"언론사 합격은 회전문 같은 거야. 붙을 놈은 어딘가에는 꼭 붙어. 그런데 어디에 붙느냐는 그냥 운이야."

뱅글뱅글 돌아가는 회전문 안에 탄 사람들. 회전문을 밀며 차례차례 내리는 모습이 상상됐다. 나는 지금 회전문 안에 타 있을까. 내 차례가 되어서 내릴 때, 그 문밖에는 어떤 언론사가 기다리고 있을까.

"너도 그럴지 모르겠지만 나는 가고 싶던 언론사가 따로 있었어. 다니다가 이직해도 돼. 난 막상 다녀보니 여기가 좋아서 남아 있지만."

솔직한 말이었다. 나도 솔직하게 답했다.

"저도 사실 경제보다는 사회나 정치 분야 취재를 해보고 싶습니다."

바로 그때, 선배는 내가 사회생활하는 내내 두고두고 떠올릴 말을 건넸다.

"2년마다 너 자신을 팔아봐. 매번 꼭 이직하라는 말은 아니고, 네가 팔릴 상품인지 안 팔릴 상품인지 평가받아보라는 거야. 스스로에게든 외부로부터든."

이 말이 참 마음에 들었다. 무엇보다 '2년마다'라는 반복성이 좋았다. 어디에서 무엇을 하든 안주하지 말고 나아가라는 말처럼 들렸다. 나는 선배의 가르침을 가슴속에 새기고 실천했다. 2년이 아니라 두 달 만이라는 게 좀 문제긴 했지만……

TAKE 05　　　　　　　　　　　　　　　　　　　　　　　　NEWS

인턴을 하려고 퇴사하겠다고?

　　"인턴을 하려고…… 퇴사하겠다고?"
"네, 부장. 죄송합니다."
"끝나면 정규직 전환시켜주는 인턴이야?"
"아닙니다. 그냥 끝나는 인턴입니다."
부장은 황당하다는 얼굴이다. 하지만 어딘가에 수긍한다는 표정이기도 했다. 물론 내 마음 편한 대로 보는 것일 수도 있다. 무슨 일이 생긴 건지, 한 달 전쯤으로 시간을 돌려보겠다.

화장실 안, 나는 또 몰래 언론인을 준비하는 사람들이 모인 그 카페에 접속하고 있다. 사원증을 목에 걸고 숨어서 이런 것이나 보고 있다니…… 스스로도 내 모습이 배은망덕하게 느껴졌다. 부장은 적당히 무관심했고, 사수는 배울 점이 많은 선배였으며, 동기들은 다정했다. 월급은 칼같이 입금됐고, 야근은 없었다. 한마디로, 나의 회사생활은 안락 그 자체였다. 그렇지만 나는…… 나는 다른 것을 원했다.

내가 막연히 꿈꿔온 기자란 사건사고가 터지면 제일 먼저 현장으로 달려가고, 대형 게이트가 터지면 "의혹 인정하십니까?" 날카롭게 질문을 던지는 것이었다. 권력을 감시하고 약자를 보호하는 그런 기자 말이다. 하지만 이곳에서의 나는 수습 딱지를 떼더라도, 주가 그래프 같은 각종 경제지표들만 들여다볼 게 분명해 보였다.

"네가 원하는 그런 기자, 막상 해보면 별거 없어. 자기 삶은 포기해야 하는 거거든. 연애도 못 하고 애도 못 키워. 그거 싫어서 여기로 오는 사람들도 많아." 이렇게 말하는 선배도 있었다. 어느덧 13년 차 기자가 된 나로서는 고개를 끄덕일 수밖에 없는 말이다. 그러나 지금 다시 돌아간대도, 나는 같은 선택을 할 것이다. 역시나 사람은 쉽게 변하지 않는 모양이다.

사람은 누구나 인생을 꾸려나가는 저마다의 방식이 있다. 각자의 방식에 따라 저마다의 선택을 내릴 뿐, 우월한 선택도 열등한 선택도 없다. 마찬가지로, 우월한 인생도 열등한 인생도 없다. 선택하고 책임지면 그뿐이다. 이것이 당시 내 생각이었다. 그런 내 눈에, 채용 가뭄 속 단비 같은 소식이 들어왔다.

"언론인을 꿈꾼다면 도전하십시오. 동아미디어그룹을 거쳐간 423명의 인턴 중 33.6%인 142명이 국내 유수의 언론사에 입사했습니다. 졸업생에게도 문은 열려 있습니다."

 짧은 회사생활 동안 확실하게 배운 한 가지가 있다면, 바로 언론사가 바라는 인재상이었다. 그들은 내가 해외대 출신이라 한국어는 잘할지, 빡빡한 언론사 문화에는 잘 적응할지 걱정했다. 하지만 동시에 나는 기자들이 가장 좋아하는 '이야기'를 가진 사람이기도 했다. 기자들은 모든 주제를 '얘기된다'와 '안 된다'로 분류하는 사람들이었다. 정보의 홍수 속에서 기사화할 수 있는 이야기를 빠르게 건져내야 하다보니 그렇게 훈련된 것 같았다. 그들은 처음 들어보거나 특별히 감동적이거나, 어떤 이유로든 눈과 귀를 사로잡는다면 '얘기된다', 흔해빠진 이야기라 절대 기사화할 수 없다고 여겨지면 '얘기 안 된다'라고 평가하곤 했다. 그렇게 따졌을 때 내 또래 중 나처럼 얘기되는 과거를 가진 사람이 몇이나 있을까? 나의 약점은 나의 강점이기도 했다.

자소서를 '얘기되게' 고쳤다. 서류는 무난히 통과했다. 문제는 필기였는데⋯⋯ 사수의 맹훈련 덕분인지 합격하고 말았다. 인턴이기는 해도 첫 필기 합격이었다. 고무적이었다. 마지막으로 면접이 남아 있었지만, 첫 면접인 것치고는 크게 긴장되지 않았다. 동대문과 마트에 비하면 면접장 정도야.

"한민용씨, 자소서 굉장히 재밌게 읽었는데, 읽으면서 이게 계속 궁금하더라고요. 9·11 테러를 보고 그때부터 기자를 꿈꿨다고 썼는데 왜 갑자기 중국에 간 거예요?"

"특파원이 되려면 외국에 살아야 하는 줄 알았습니다. 네이버 지식인이 지금처럼 잘되어 있었으면 안 갔을 겁니다."

심사위원의 입꼬리가 올라가는 게 보였다. 됐다. 웃게 만들었다면 반은 성공한 거다. 흐름을 놓치지 않으려 말을 이어갔다.

"언론고시 준비하면서 참 많이 후회했습니다."

"왜 후회했어요?"

"해외 대학 출신은 언론사에서 뽑아주지 않는다는 말을 많이 들었습니다."

심사위원의 눈썹이 갸륵하다는 듯 축 처졌다.

"그건 좀 잘못된 정보 같은데. 해외대라고 무조건 거르는 건 아니에요. 우리 회사에는 해외대 출신 기자가 없긴 하지만, 다른 언론사에는 한 명 있는 걸로 알아요."

 얼마 뒤, 합격했다는 연락을 받았다. 첫 출근은 7월 3일. 그 전에 사직서를 내야 했다. 그래서 지금, 떨어지지 않는 입을 간신히 떼어 '사직'을 말하고 있는 것이었다.

◐

 "그러니까 경제 말고 사회 정치 쪽 취재를 해보고 싶다는 거지? 무슨 마음인지는 알겠는데⋯⋯ 인턴 잘한다고 해서 정규직으로 전환시켜주는 것도 아니라며?"
 "저도 이 회사가 좋고 선배들이 좋습니다. 나간다고 생각하니 너무 서운하고 마음이 안 좋습니다. 하지만 후회할 것 같아서요. 어깨너머로 선배들 일하는 거 보며 많이 배웠지만, 이 일을 평생 해도 좋겠다는 확신은 생기지 않았습니다. 전 현장을 누벼보고 싶습니다. 그래서 기자를 꿈꾼 것이기도 하고요. 막상 해보면 별거 없다고, 안 좋을 거라는 말도 많이 들었지만⋯⋯ 꼭 한번 직접 겪어보고 스스로 판단해보고 싶습니다."
 나에게는 그런 의심이 있었다. 내 꿈이 정말 꼭 이루고 싶은 무언가일까? 꿈을 위한 꿈은 아닐까? '청년이여 꿈을 가져라!'

라고 온 세상이 외치니 나도 하나쯤 가져야 할 것 같아서 갖게 된 것 아니냐는 거다. 사람이란 본디 해보지도 않은 일을 꿈꿀 수 있는 것일까. 그렇다면 그것은 외모만 보고 빠지는 사랑과 무엇이 다를까. 얼굴만 보고 불타오른 감정이 막상 만나보면 차게 식는 것처럼, 내 꿈도 그럴 수 있는 것 아닐까. 나의 의심을 부장한테까지 구구절절 털어놓을 필요는 없었다. 그렇지만 오해를 사고 싶지 않았다. 이곳의 정규직 기자보다 더 큰 회사의 인턴이 훨씬 낫기 때문에 나간다는 그런 오해 말이다. 나는 10여 년이 지난 지금도 첫 회사에 마음 깊이 감사하고 있다. 좌절한 나를 뽑아주고, 가르쳐주고, 서울 최고의 콩국수를 맛보게 해줘서. 덕분에 내가 웃으며 나아갈 수 있었다.

노트북을 반납했다. 목에 걸고 있던 사원증도 벗어줬다. 월급은 일한 날만큼 계산돼 입금될 거라고 했다. 회사를 나오니 이상하게도 다리에 힘이 쭉 빠졌다. 흐느적흐느적 선배들과 자주 가던 옆 건물 1층 카페로 향했다. 일단 아이스 캐러멜마키아토 한 잔을 들이켰다. 캬. 캔커피는 도저히 흉내낼 수 없는 맛이다. 내가 무슨 짓을 한 걸까. 이제 한동안 이 맛있는 걸 사 마시지 못할 수도 있다. 다시 1+1 캔커피로 돌아가야 할 수도 있다. 그래도 어쩌랴. Who cares? 지금 상황에는 좀 안 맞는 말 같긴

하지만, 그거야말로 Who cares? 그냥 후케어스 정신으로 밀고 나가기로 했다. 다리에 힘이 솟았다.

지하철을 기다리며 가만히 되짚어봤다. 나의 첫 직장, 첫 퇴사, 첫 이직(?)에 대해서. 곧 열차가 도착했다. 그뒤부터는 한 가지 생각밖에 할 수 없게 된다. 드디어 이 지긋지긋한 지옥철 9호선과도 안녕이다! '이제 정말 안녕! 나는 5호선으로 간다!' 5호선은 언시생들의 꿈이었다. 경향, 한겨레, 조선, 동아, 중앙 등 주요 신문사가 있는 광화문역, KBS와 MBC가 있는 여의도역, SBS가 있는 오목교역 모두 5호선이었다. "올해는 꼭 5호선 타려고요." 우리는 수줍어하며 이런 목표를 밝히고는 했다.

◉

드디어 첫 출근날, 5호선에 몸을 싣고 광화문역에 내렸다. 저 멀리 동아일보 건물 앞에 오늘의 신문을 붙여둔 게시판이 보였다. 게시판은 여름의 햇빛을 받아 은빛으로 빛나고 있었다. 그 아래에는 한 어르신이 가던 길을 멈춰 서고 신문을 읽고 있었다. 잘 그려진 수채화 같은 풍경이었다. 내가 신문사에 왔다는 것이 실감났다. "인턴 왔다고요? 이쪽 엘리베이터!" 경비 아저씨가 가리키는 엘리베이터에 탔다. 띵— 문이 열리자 청계천이 훤히 내려다보였다. 입을 반쯤 벌린 채 그 풍경을 바라보다 흰 문 앞에 멈춰 섰다. 문에는 '인턴 교육'이란 종이가 붙어 있었다. 가슴이 떨려왔다. 이 문 건너편에 나의 경쟁자들이 있다. 이제 곧 처음으로 그들을 가까이에서 마주하게 될 것이다. 숨을 깊이 들이마시고, 내쉬는 숨에 문을 밀어젖혔다.

TAKE 06　　　　　　　　　　　　　　　　　　　　　　　NEWS

이토록 적절한 타이밍에 이토록 선명한 행운을 얻다니

　　인턴기자로서 나의 첫 출근지는 지금은 대통령이 떠나고 없는 청와대였다. 대부분의 기자실이 출입 기관과 한 건물에 있는 것과 달리, 청와대 기자실은 보안 문제 때문에 별도의 건물에 자리잡고 있었다. 이름은 '춘추관', 그곳의 하루는 춘추관을 찾은 홍보수석 또는 대변인이 브리핑을 하는 것으로 이른 아침부터 시작됐다. 선배가 질문하고 관계자가 답변하면 나는 옆에서 조용히 내용을 받아 쳤다. 박근혜 대통령, 이정현 홍보수석, 김행 대변인 시절이었다.

　청와대 기자실은 내가 이전 직장에서 가봤던 기업의 기자실과는 사뭇 다른 분위기였다. 청와대 기자들은 어딘가 느려 보였다. 게을러 보였다는 건 아니다. 비유하자면, 나무늘보의 느림이라기보다는 표범의 느림. 여유 있어 보이지만 어딘가 한칼이 있을 것 같은 느낌이었다. 이곳에서 만난 나의 선배도 그랬다. 그는 서두르는 법이 없었다. 춘추관에서 서두름은 서투름이었다. 나중에 안 사실이지만, 청와대팀은 국가 최고 권력자인 대통령을 취재해야 하는 만큼, 각 사 에이스를(물론 아닌 경우도 있다) 엄선해 보내고 있었다.

홍보수석이 나가고 나면, 기자들은 각자의 자리로 돌아가 키보드를 바삐 두드렸다. 얼마 지나지 않아, 조금 전 내가 본 광경이 기사의 형태로 세상에 나왔다. 그리고 순식간에 소비됐다. 커피 심부름을 하러 간 카페에서, 점심 먹으러 간 수제비 집에서, 퇴근길 마을버스 안에서 들려오는 대화로, 사람들이 기사를 읽었다는 사실을 알 수 있었다. 대부분은 내가 본 것과 비슷하게 이해했지만 종종 완전히 잘못 알고 있는 사람도 있었다. 잘못 쓰였거나, 오해하기 쉽게 쓰인 기사를 접해서일 거라고 생각했다. 그러자 한 글자도 허투루 칠 수 없었다. 기자는 사람들이 세상을 들여다보는 일종의 창 같은 존재였다.

"인턴, 오늘 브리핑 받아 친 거 프린트해서 가져와봐."
내가 인쇄물을 건네자, 선배는 노란색 형광펜을 건넸다.

"중요한 내용만 밑줄 쳐봐. 지금 바로."

거침없이 밑줄을 쳤다. 이 정도야 이제 식은 죽 먹기다.

"온통 노랑이네? 이렇게 다 밑줄 칠 거면 기사 쓰지 말고 그냥 브리핑을 통째로 올리는 게 낫지 않겠냐?"

첫 회사의 사수가 떠올라 웃음이 났다. 사실 줄이기란 쓰는 것만큼 어려운 일이다. 관점이 필요하기 때문이다.

"음. 음. 그래도 핵심을 비껴가지는 않았네. 물론 이렇게 다 쳐 놓고 핵심을 비껴가기도 쉽지는 않은 일이지."

나는 그가 마음에 들었다. 6주 뒤면 볼 일 없는 인턴에게도 무언가를 가르쳐주려 했기 때문이다. 그는 내게 취재원도 소개해주고, 기자들이 어떻게 취재하는지 보여주려 약속 자리에도 데려가주었다. 약속 자리에 참석하고서야 비로소, 아침 브리핑 때 왜들 그렇게 적극적이지 않은 건지 이해하게 됐다. 취재는 브리핑장이 아닌 다른 장소에서 더 밀도 높게 이뤄지곤 했다.

다음 근무지는 국회였다. 청와대를 떠나는 날, 선배는 이곳은 뒷방 늙은이들이나 오는 곳이니 10년 뒤에나 다시 오라며 손을 흔들어줬다.

"국회가 더 다이내믹하고 배울 게 많을 테니 마음껏 뛰놀아라!"

그의 말대로 국회는 역동적인 곳이었다. 청와대와 달리 국회 기자들은 늘 얼룩말처럼 뛰어다녔다. 국회의원만 300명, 당직자들까지 하면 그 수를 헤아리기도 어려울 지경이니, 세렝게티 초원을 달리는 얼룩말이 될 수밖에 없었다. 나는 국회팀에서도 야당(당시 민주당)을 취재하는 팀으로 보내졌다.

국회 기자들은 여당, 야당을 나눠 자기가 맡은 정당만을 취재한다. 야당 대표에게는 야당 출입 기자만 질문하는 게 암묵적 룰이다. 의아했다. 그럼 껄끄러운 질문을 하기도, 비판적인 기사를 쓰기도 어렵지 않나. 국회에서 만난 선배는 이렇게 답했다.

"잘 모르면 욕하기는 쉬워도, 제대로 비판하긴 어려운 법이지. 아 물론, 가까워지면 비판하기 어려울 때도 있어. 그러지 않으려고 노력해야 해. 그거 못 하는 순간 기자 아니고 업자 되는 거야."

그때는 당연하게 들렸던 이 말이, 지금은 묵직하게 다가온다. 오래도록 본분을 지키는 것, 당연한 일을 당연한 일로 유지하는 데는 생각보다 더 큰 의지가 필요하다.

❂

　내가 인턴기자로 국회를 출입할 당시 가장 뜨거운 이슈는 국정원이었다. 야당이던 민주당은 국정원이 대통령 선거에 개입했다는 의혹을, 여당이던 새누리당은 2007년 남북 정상회담 당시 노무현 전 대통령이 NLL 포기 발언을 했다는 의혹을 외치고 있었다. 야당은 여당이 국정원의 범죄를 감추려 색깔론을 꺼내들었다고 주장했고, 여당은 야당이 북한과 굴욕적인 정상회담을 한 진실을 감추려 한다고 주장했다. 여야가 국가기록원의 남북 정상회담 대화록 원본을 열람하자고 하면서, 졸지에 나는 국가기록원과 국회를 오가게 됐다. 하는 일이라고는 선배들을 따라다니며 관계자들의 발언을 녹음하고 받아 치는 게 전부였지만, 나는 내가 역사의 한 장면에 서 있다고 느꼈다.

　인턴은 오후 6시 퇴근이었으나 야근을 자처했다. 무슨 일이 벌어지는지 끝까지 내 눈으로 보고 싶었다. 그리고 내 손으로 (비록 녹음하고 받아 치는 게 전부이지만) 기록하고 싶었다. 선배가 기사를 마무리하고 나면 완성된 기사를 읽어보고, 왜 이렇게 쓴 것인지, 다른 언론사의 기사와 비교하며 관점은 왜 다른 것인지 등을 물어보기도 했다. 모르는 것이 많다는 것은 깨달을 것이 많다는 뜻이기도 했다. 어떤 날은 늦게까지 현장이 마무리되지 않아서, 어떤 날은 선배와의 대화가 길어져서, 어떤 날은 깨달음이 주는 벅참이 커서, 자정을 넘겨 집에 들어갔다. 신기한 것은, 그런데도 다음날 아침 6시면 눈이 번쩍 떠졌다는 것이다. 하루가 시작되는 것이 그렇게 신날 수가 없었다. 외모만 보고 빠져든 사랑이라 의심했지만, 직접 겪어보니 사랑할 이유가 샘솟았다.

우선 나는 역사를 목도한다는 것 자체가 좋았다. 기자들은 100을 알면 10을 보도했다. (물론 불행하게도 10을 알면서도 100을 보도하는 기자도 있다.) 사람들은 10을 보고 10을 알겠지만, 나만은 100을 알고 있다는 것, 그리고 내가 어떻게 하느냐에 따라 사람들에게 더 많은 것을 알릴 수도 있다는 점이 좋았다. 궁금한 점을 물어보는 것이 '일'이라는 점도, 어떻게 보도하는 것이 국민을 위해 옳은가를 끝없이 고민하는 직업이라는 점도 좋았다. 내가 옳다고 믿는 것을, 옳다고 믿게끔 설득하는 직업이어서 또 좋았다. 그러다보면 세상을 더 좋게 만들 수 있을 거라고도 믿게 됐다.

인턴을 하는 6주 동안, 나는 로미오였고 줄리엣이었다. 이 일이 아니면 안 될 것 같았다. 이제껏 내가 했던 그 어떤 사랑도 지금 느끼는 감정에 비견할 수 없었다. 이토록 적절한 타이밍에 이토록 사랑하는 일을 찾았다니, 대단한 행운을 손에 거머쥔 셈이었다. 나의 행운은 어디로부터 왔을까. 여의도의 작은 언론사에서 왔을까. 삼류 언론사나 갈 거라는 댓글에 너나 잘하라고 욕은 했어도 스스로를 포기하지 않는 순간에서 왔을까. 스터디조차 떨어지는 주제에 꿋꿋이 신문을 읽던 도서관에서 왔을까. 자기 연민에 빠질 형편이 아니라고 엉덩이를 걷어차주던 1+1 캔커피에서 왔을까. 다른 사람이 어떻게 사는지에 대해선 신경 꺼버리라고, 네가 어떤 사람이고 어떻게 살고 싶은지에만 신경쓰라고 말해준 뉴요커들에서 왔을까. 나는 '어디서' 피아노를 치는지는 중요하지 않은 사람이라는 걸 알려준 뉴욕의 연주자 아저씨로부터 왔을까. 알 수 없다. 다만 행운은 내 두 손 안에 있었다. 조심스레 손을 펴면 눈에 보일 정도로 선명하고 확실한 행운이었다.

TAKE 07　　　　　　　　　　　　　　　　　　　　　NEWS

마침내 합격

　　6주간의 인턴을 마치고 다시 도서관으로 돌아왔다. 삐 거덕 소리를 내는 나무의자, 세월이 묻은 책상, 오래된 책들과 갓 나온 책들이 뿜어내는 나무 향의 화음, 늘 창가 맨 왼쪽에 앉는 할아버지까지. 도서관은 그대로였다. 할아버지의 건너편 책상에 자리를 폈다.

　할아버지가 나를 힐끗 쳐다본다. "할아버지, 저 돌아왔어요. 그사이 참 많은 일이 있었답니다." 인사를 건네고도 싶었지만 할아버지의 시선은 이미 책을 향하고 있다. 딸칵— 캔커피를 한 모금 머금고는 찬찬히 도서관을 둘러본다. 긴 여행에서 돌아온 기분이었다. 도서관을 떠나기 전의 나와 다시 돌아온 나는 어떤 의미에선 완전히 다른 사람이었다. 그러다 퍼뜩, 이번이 처음이 아니란 사실을 떠올렸다. 나는 그전에도 한 번 도서관을 떠났었다.

처음 도서관을 찾았던 건 초등학교 2학년 때였다. 엄마 손을 잡고 마을버스를 타고, 시내버스를 타고 굽이굽이 달려 덕성여대 정거장에서 내리니 도서관이었다. 커다란 나무들이 뺑 둘러싸고 있는 벽돌 건물이 어린 내 마음에 쏙 들었다. 도서관에 들어서자마자 오른쪽으로 꺾으면 어린이실이었는데, 그곳에 만화로 된 역사책, 과학책, 위인전 등 온갖 책이 있다는 것을 확인하고 나자 도서관이 더욱 마음에 들었다. 시간 가는 줄 모르고 책을 읽다 집으로 돌아가는 길, 엄마는 정거장 앞 KFC에서 햄버거를 사주며 말했다. "산에서 노는 것보다 더 재밌지 않아? 안전하기도 하고. 앞으로 심심하면 혼자 와서 놀아도 돼." 도서관은 부모님의 사전 허락 없이 놀러갈 수 있는 유일한 곳이었다. 그때부터 나는 심심할 때마다 도서관을 찾았다.

그리고 다시 돌아오기까지 참 많은 일이 있었다. 빨래골에서 북경, 북경에서 뉴욕, 뉴욕에서 다시 좋아하는 일을 찾아 또 도서관으로, 단순히 거리만 셈해봐도 엄청나다. 그만큼 나도 참 많이 자랐다. 자라난 내가, 마음에 든다. 그렇게 생각하니 마음이 편안해졌다. 비록 세상은 몰라주지만, 나만큼은 내가 더 나은 사람이 됐다는 것을 알고 있다.

◉

 곧 동아미디어그룹의 공채가 시작됐다. 이제는 세상도 날 알아줄 때가 됐다. 그간의 어려움을 모두 이겨내고 새롭게 거듭난 나는, 드디어 시험에 합격하고 만다. ……이 책이 소설이었다면 이런 전개가 되어야 마땅할 것이다. 탈락했다는 이야기만으로 대체 몇 페이지를 채우는 건지, 이제 그만하고 본론으로 들어가자고 독자들도 아우성일 것이 분명하다. 그렇지만 안타깝게도 이 책은 소설이 아니고, 나는 또 떨어지고야 만다.

 "떨어졌다고? 다른 인턴 애들은 붙었다던데…… 너 대체 글을 어떻게 쓴 거야." 인턴이 끝나고도 내 글을 종종 봐주며 꼭 후배로 들어오라고 격려해준 선배는 한탄했다. 이렇게 글을 못 썼던 사람이 벌써 두번째 책을 쓰고 있다니, 새삼 사람 일은 모르는 거라는 생각이 든다.

 이제는 이 늘어지는 실패담을 빨리감기 해야겠다. 나는 다음 시험에서도 떨어졌다. 고백하자면, 여러분이 아는 언론사 중 날 떨어뜨리지 않은 곳은 그해 공채를 열지 않은 한두 군데밖에 없다. 그런데 참 재밌는 것은 내가 이렇게 떨어지면서도 '회전문'을 떠올렸다는 사실이다. "될 놈은 어디든 돼. 그런데 어디에 붙을지는 아무도 몰라." 그 옛날 나의 사수가 말했던 그 회전문 말이다. 사실, 나를 떨어뜨린 언론사들은 모두 내 1순위는 아니었다. 어쩌면 1순위에 떡하니 붙으려고 떨어지고 있는 건 아닐까? 왠지 난 좀 뻔뻔해졌다. 나름 근거는 있었다. 내 손안에 있는 행운이 나의 자격이었다. 이토록 원한다면 가질 자격이 있는 것이다. 내가 빌 게이츠나 비욘세가 되고 싶다는 것도 아니고, 그저 기자가 되고 싶다는 것뿐이니.

그리고 드디어, 그날이 왔다. "한민용씨?"로 시작하는 전화를 받는 날 말이다. 나는 그 전화를 도서관 화장실에서 받았다. "한민용씨? 매경미디어그룹에서 전화드렸습니다. MBN 최종 합격하셨어요. 축하드립니다." 인턴 이후 처음으로 필기를 통과하더니 면접까지 잇달아 합격해 최종 면접까지 올라간 참이었다. 최종 면접을 망쳤다고 생각해 큰 기대 하지 않고 있었는데, 얼떨떨했다. 어떤 반응을 보여야 하나…… 나는 세면대 앞에 그저 어정쩡하게 서 있었다. "어머, 정말요? 정말 저 맞나요? 한! 민! 용! 맞나요?" 합격 수기를 보면 보통 이렇게들 하던데. 고민 끝에 나는 조용히 속삭였다. "저…… 감사합니다." 나의 덤덤한 반응에 다소 실망한 듯, 수화기 너머의 목소리도 다소 건조해졌다. 그는 앞으로의 일정을 간략히 설명했고, 나는 다시 한번 '감사하다'고 속삭였다.

그렇게 전화를 마치고 화장실을 빠져나오니 도서관이 전혀 다른 공간이 되어 있었다. 마치 화장실 안에 타임머신이 있어 나 홀로 백년의 고독한 여행을 하고 돌아온 것마냥, 도서관이 마냥 애틋해졌다. 벅차오르는 감정을 애써 누른 채 자리에 앉았다. 핸드폰을 꺼내 이제껏 격려해준 선배들과 동고동락한 인턴 친구들에게 합격 소식을 알렸다. 그리고 차분히 가방을 쌌다. 맞은편 할아버지가 '지금 갈 시간이 아닌데?'라는 듯 의아하게 쳐다봤다. 그에게만큼은 작별 인사를 하고 싶어진다. 우리는 지정석 없는 도서관에서 각자의 지정석을 누린 동지였다. 그렇지만 할아버지의 시선은 이번에도 벌써 책으로 돌아가 있었다.

도서관 계단을 한 발 한 발 천천히 내려갔다. 1층에 도착하자 왼편으로 어린이실이 보였다. 아, 나는 또 오래도록 이곳을 떠나 있게 되겠지. 그 옛날 어린 내가 뻔질나게 들락날락했던 어린이실의 작은 문이, 지금 내가 밟고 선 오래된 회색 계단이, 창문 너머로 보이는 푸르른 나뭇잎이, 모든 것이 너무나도 애틋했다. 나는 그 작은 문을 바라보며, 다시 돌아왔을 때 내가 더 나은 사람이 되어 있기를, 내 마음에 드는 사람이 되어 있기를 온 마음 다해 빌었다. 그때 핸드폰 진동이 울렸다. 선배였다.

"합격? 얼른 와서 나 물먹여라!"

언론계에 대해 배운 점 여섯번째, 다른 언론사가 '단독' 보도를 썼을 때 '물먹었다'는 은어를 쓴다.

이제 나는 내가 수백 번은 밀고 당겼을 도서관 문 앞에 서 있다. 내 안에 존재하는 가장 진실된 힘으로 문을 활짝 밀어젖히고 도서관 밖으로 나아갔다. 성큼.

2부
눈물이 나올 땐 숨을 참는다

남동생의 일

📷 며칠 전 막둥이 남동생이 정규직 전환 인턴에 합격했다. 오늘로 출근 2주 차다. 동생이 하는 일은 자동차 도색이다. 차 한번 사보지 않은 나로서는 전혀 알 수 없는 세계다. 급히 주변을 수소문해본다. 건너, 건너, 건너 듣기로는 도색이 꽤 까다롭고 예민한 일이라 군기가 세다고 했다. 또 안전장비를 착용해도 오래 일하면 아무래도 폐 건강에 좋지 않을 거라고도 했다. 그 말에 나는 며칠 전 진행한 뉴스를 떠올렸다. 직장 내 갑질을 호소하며 세상을 등진 노동자의 사연이었다. 곧이어 내가 이제껏 취재한, 밥벌이를 하다 죽은 노동자들의 얼굴도 떠올랐다.

주말만 손꼽아 기다리다 다짜고짜 동생을 찾아갔다. "누나 아침부터 무슨 일이야?" 까치집 머리를 한 동생이 어리둥절하다는 듯 쳐다봤다. "새 직장 말이야. 사람들은 잘해줘? 괴롭히는 사람은 없고?" 따발총을 쏘듯 질문을 쏟아내지만 동생은 대답을 하는 둥 마는 둥이다. "없어." 시큰둥한 동생의 눈을 뚫어져라 쳐다봤다. 그의 눈에 일말의 망설임, 두려움이 서려 있지는 않은지. "정말 없어? 또라이, 사이코패스, 소시오패스 다?" 그러자 동생이 웃으며 답했다. "무난해." 무난함에 대한 동생의 기준이 무엇인지 나는 알지 못한다. 하지만 아무리 꼬치꼬치 캐물어도 동생은 고개를 내저을 뿐이었다.

그만 포기하고 다음 질문으로 넘어간다. "안전장비는 잘 줘?" 동생은 예전과 달리 요즘은 도료가 좋아져 마스크만 잘 쓰면 괜찮다고 답했다. 그래도 내 미간이 펴지지 않자 "담배 피우는 게 더 안 좋을걸" 하며 안심시킨다. 나는 덥다고, 혹은 선배들이 안 쓴다고, 너도 안 쓰면 안 된다는 잔소리를 늘어놓았다. 동생은 꼭 그러겠노라 약속했다. 가장 걱정됐던 두 가지를 물어본 나는 이제 미간을 풀고 묻는다.

"그럼 출근해서는 무슨 일 해?" 처음으로 동생이 길게 답한다. "일단 청소를 해. 9시 출근인데 8시 반까지 오래. 8시 반에 가서 작업장 청소하고 나면 10분이 지나. 그럼 20분은 그냥 가만히 앉아 있어." 이게 무슨 시간 낭비냐고, 이해가 가지 않는다는 말투다. 그 불만 가득한 목소리가 10여 년 전의 나와 똑 닮아 웃음이 터졌다.

동생은 곧이어 일을 가르쳐주는 방식에 대해, 다 같이 식사를 하는 어색함에 대해, 인사를 잘하라는 지시에 대해, 동료들과의 우정과 경쟁에 대해 이야기를 이어갔다. 이야기는 이야기를 낳아 우리는 밥벌이의 고단함에 대해, 미래의 불확실함에 대해, 일이란 무엇인가에 대해, 어떻게 살아야 하는가에 대해 이야기한다. 그제야 10여 년 먼저 사회생활을 한 누나로서 해줄 만한 말이 떠올랐다.

TAKE 09   NEWS

하리꼬미

단정하게 손질된 머리, 잡티 하나 없는 얼굴, 각이 딱 잡힌 정장. TV 속 내 모습은 헤어, 메이크업, 의상 세 명의 전문가가 30분간 달라붙어 만들어낸 산물이다. 뉴스에 들어가기 직전에도, 들어간 뒤에도, 그녀들은 매의 눈으로 나를 살핀다. 그러다 머리카락 한 올이라도 흘러내리면 스프레이를 들고 부리나케 뛰어온다. 마이크를 착용하다 재킷이 조금이라도 구겨진 것 같다 싶어도 뛰어온다. 그 덕에 TV 속 내 모습은 아주 깔끔하고 단정하다. 누가 봐도 '꼬질꼬질'과는 거리가 멀다. 그렇지만 그녀들의 노력이 무색하게도 나를 보며 '꼬질꼬질'이란 몹쓸 단어를 떠올리는 사람들이 있으니……

나의 기자 생활은 꼬질꼬질함과 시작됐다. 지금까지 내 이야기를 들어주신 여러분이라면 내가 누구에게 이래라저래라 하지 않는, 그러니까 '꼰대'와는 거리가 먼 사람이라는 것을 알아주실 거라 생각한다. 그러니 내가 막 기자가 됐을 때의 이야기를 이 말로 시작하는 것에 대해 오해가 없으시길 바란다.

나 때는, 기자가 되면 짧게는 석 달, 길게는 반년을 경찰서에서 먹고 자는 일명 '하리꼬미'(기자들이 은어로 사용하는 일본어. 반드시 바로잡아야 할 표현이지만 이 단어를 대신할 표현이 없어 부득이 사용한다)부터 했다. 집에도 못 가고, 잠도 못 자고, 씻지도 못 하고, 끊임없이 혼나가며 기자 일을 배우는 것이다. 2013년의 늦가을, 트렁크를 덜덜 끌며 경찰서 앞에 섰던 그날이 지금도 생생하다.

"멈추십시오. 어떻게 오셨습니까?"

위엄 있는 경찰관의 손짓에 나는 주섬주섬 명함을 꺼낸다.

"기자인데요. 2진 기자실 왔습니다."

"아." 그는 짧은 탄식을 내뱉더니 "들어가십시오" 하며 나의 출입을 허한다. 그런데 막상 경찰서에 들어가려니 심장이 두근거리고 어깨가 움츠러든다. "당신 기자 아니지?" 경찰관이 다시 불러 세울 것만 같다. 그런 불상사를 막기 위해 나는 필사적으로 청와대 기자실에서 보았던 베테랑 기자들의 걸음걸이를 떠올린다. 그러곤 최대한 그들처럼, 초원을 어슬렁거리는 표범처럼 경찰서로 걸어들어간다.

사회부는 대한민국에서 일어난 모든 사건사고를 담당하는 곳이다. 사회부 안에는 경찰팀과 법조팀이 있다. 경찰팀은 경찰서와 동서남북의 검찰과 법원을, 법조팀은 서초동에 있는 비교적 큰 규모의 검찰과 법원을 담당한다. 보통 처음 입사하면 모두 경찰팀으로 보내진다. 상대적으로 단순하고 단발적인 사건사고를 많이 다뤄 취재의 기초를 배우기 적합하기 때문이다. 경찰팀은 다시 구역별로 나뉘는데, 나는 마포·서대문·은평·서부경찰서와 서부지검·서부지법을 담당하는 '마포라인'으로 보내졌다.

마포라인의 2진 기자실은 서대문경찰서 별관 3층에 있었다. 기자실 문을 열자 정사각형의 작은 방이 보인다. 코딱지만하다. 바닥에는 이불과 침낭, 트렁크가 나뒹굴고 있다. 그래도 명색이 기자실인데 책상 하나 보이지 않는다. 방안 깊숙한 곳에는 쪽문이 하나 더 나 있다. 그리고 그 너머로 무언가가 보이는데…… 사람인가?

"어, 어떻게 오셨어요?"

사람이다.

"아, MBN 수습기자입니다."

그러자 그녀가 무릎을 펴고 일어선다.

"오, 오늘부터 시작? 전 중앙일보. 이제 곧 탈수습해요. 나가기 전에 그래도 좀 치워주려고 청소하고 있었어요. 여기가 화장실 같은 곳인데, 이 하수구 치우면 여기서 머리도 감을 수 있을 거예요."

웩. 하수구를 보자마자 비위가 상한다.

"첫날이면 정신없겠다. 궁금한 거 있으면 언제든지 물어봐요!"

나는 고맙다 인사하고 서둘러 방을 나섰다. 친절한 그녀에게는 미안한 말이지만, 오래 있으면 병 걸릴 것 같은 방이다. 복도 계단에 쪼그려 앉아 핸드폰 시계를 보니 오전 7시 53분이다. "경찰서에 짐 풀고 8시 보고하도록." 어젯밤 받은 지시 사항을 떠올리며, 흠흠 목소리를 가다듬은 뒤 선배에게 전화를 걸었다.

"안녕하십니까. 마포라인 수습 한민용입니다. 경찰서 도착해 짐 풀었습니다!"

그런데 수화기 너머로 선배의 한숨 소리가 들려온다.

"지금 몇시냐?"

지각하지 않으려 몇 분이나 일찍 전화했는데, 왜 그럴까……

"7시 53분입니다!"

"내가 몇시에 보고하라 그랬지?"

"8시입니다!"

"근데 왜 7시 53분에 보고하지? 정시 개념이 없나?"

"아…… 딱 맞춰 하면 좀 지각하는 느낌일 것 같아서 일찍 전화했는데요."

"데요?"

"일찍 전화했습니다. 죄송합니다."

그렇다. 나는 '다나까'로만 답하게 되어 있었다.

"앞으로 내가 보고하라는 그 시각에 딱 맞춰 보고하도록. 8시에 다시 전화해."

전화가 툭 끊어졌다. 황당했다. 다시 방으로 돌아가 친절한 그녀에게 물었다.

"저기, 8시 보고하라 그러면 8시에 보고해야 돼요?"

"당연하죠. 먼저 했어요?"

"네……"

"괜찮아요. 8시에 보고했어도 꼬투리 잡아 혼냈을 거예요."

그녀는 어딘가 대단해 보이고, 어쩐지 즐거워 보였다.

8시 정각. 다시 전화를 걸었다.

"어, 경찰서 돌고 10시에 다시 보고해라."

뚝. 선배는 한마디 지시만 내리고는 전화를 끊어버렸다. 경찰서를 돌고…… 보고……하라고? 뭘 보고하라는 걸까…… 나는 다시 얼빠진 얼굴을 하고 친절한 그녀를 찾아갔다.

"저기 자꾸 죄송한데…… 경찰서 돌고 보고하라는데 뭘 보고하면 되는 거예요?"

"오늘 첫날이니까, 명함 있죠? 새로 온 수습이라고 하면서 명함 돌리면 돼요."

"누구한테요?"

"경찰들한테요. 과장들한테 쭉 인사하고, 팀장한테도 하고. 뭐 만나는 사람들한테 다 하세요."

"아…… 근데 원래 이렇게 아무것도 안 알려줘요?"

"당연하죠. 우린 수습이잖아요."

수습이니 더 알려줘야 하는 거 아닌가 싶었지만, 당연한 걸 왜 묻느냐는 그녀의 말투에 나는 입을 꾹 다물고 조용히 방을 나섰다.

그녀는 별거 아니란 투로 경찰서를 돌며 인사하라고 했지만, 발이 떨어지지 않는다. 나는 법 없이도 살 준법 시민이다. 경찰서는 처음이란 뜻이다. 게다가 형사과는 문도 쇠창살이었다. 이러지도 저러지도 못 하고 1층 로비만 빙빙 맴도는 사이, 어느덧 보고 시간이 성큼 다가왔다. 초조한 마음으로 로비에 붙어 있는 안내판을 읽어내려갔다. 교통조사과, 수사과, 형사과, 여성청소년과, 정보과, 경비과, 경무과…… 이름만 봐도 무슨 일 하는지 알겠는 곳과 전혀 모르겠는 곳. 그중에서도 왠지 친근하게 느껴지는 '여성청소년과'를 택했다.

"안녕하세요, 어떻게 오셨나요?"

문을 두드리자 경찰관 한 명이 따뜻한 목소리로 맞이해준다. 탁월한 선택이었다. 역시 여성청소년과로 오길 잘했다. 용기를 내 명함을 건네고 인사를 하려 했는데……

"아이참! 나가세요!" 그가 돌변했다. "이렇게 들어오시면 안 되죠!" 하며 소몰이하듯 나를 몰아냈다. "아, 저 그게 아니고, 저는 그냥 새로 와서 인사만, 인사만 좀 드리려고." 그가 나를 떠밀며 외쳤다. "아 글쎄, 안 돼요! 나가세요!"

쾅! 문이 닫혔다. 순식간에 일어난 일이었다. 정신 차려보니 나는 덩그러니 홀로 복도에 서 있었다. 너무나 놀랐고, 주눅들었다. 이런 문전박대는 태어나 처음이었다.

"그래서? 인사하다 쫓겨났다, 끝?"
"죄송합니다. 선배."
"기자라고 하면 '아이고 기자님 오셨어요' 해줄 줄 알았냐?"

"아닙니다……"

"앞으로 가는 곳마다 다 널 쫓아낼 거야. 쫓아낼 때마다 그냥 쫓겨날 거야? 그럼 어떻게 기자 하려고?"

"죄송합니다……"

"어디 갔다 온 거야?"

"여성청소년과 다녀왔습니다."

"……12시에 다시 보고해."

사실 나는 최악의 선택을 한 것이었다. 선배의 짧은 침묵이 말하는 바도 그것이었다. 여성청소년과는 경찰서 안에서도 가장 예민한 과 중 하나다. 여성과 청소년이 피해자인 사건을 다루는 곳이기 때문이다. 나를 쫓아낸 경찰관은 아마도 내가 어렵사리 찾아온 피해자인 줄 알았을 것이고, 기자란 사실을 알고는 피해자를 보호하려 황급히 내쫓았을 것이다. 그는 좋은 경찰관이었다. 여청과보다는 형사과나 교통조사계 같은 곳을 가는 게 나았을 것이다. 하지만 선배는 내게 이런 사실을 전혀 알려주지 않았다. 친절한 그녀의 말대로, 수습이란 스스로 부딪치며 배워나가야 했다. 기자 일은 누가 말로, 글로 가르쳐줄 수 있는 게 아니라는 사실을 배우고 있는 중이었을지도 모르겠다. 그렇게 나는 하루종일 경찰서를 빙글빙글 돌았다. 말 그대로 '하루종일'이었다. 새벽 4시 동이 틀 무렵부터 칠흑 같은 어둠이 내려앉은 다음날 새벽 2시까지, 하루 스물네 시간 중 단 두 시간을 제외하고는 경찰서를 돌고 또 돌았다. 그러다 드디어 한 경찰서에서 그녀를 만나게 되었다. 나의 구세주 그녀를.

"아, 수습이구나! 너무 깔끔해서 민원인인 줄 알았네. 반가워요. 저는 TV조선이에요." 그녀를 자세히 뜯어보니 어딘가 꼬질꼬질해 보였다. "저는 오늘이 사실상 첫날이어서요. 저기, 그런데…… 도대체 뭘 해야 되는 거예요? 도저히 모르겠어서요." 그녀가 딱하다는 듯 쳐다봤다. "그럼 저 지금 마포서 갈 건데 같이 가실래요?" 나는 세차게 고개를 끄덕였다.

그녀는 거침없이 형사과로 들어갔다. 데스크에 앉아 있던 형사가 바로 한숨을 내쉬었다. "아이고. 혹까지 달고 왔어?" 혹은 아무래도 날 얘기하는 것 같다. "형님, 여기는 새로 온 MBN 수습이에요." 여자든 남자든 우리 수습들은 경찰을 '형님'이라고 불렀다. 그녀의 소개에 나는 바로 명함을 건넸다. "첫날이라 그런지 아직 얼굴이 좋구만." "또 수습이야?" "MBN? 내가 '자연인' 팬이잖아." "벌써 수습의 계절이야?" 쇠창살을 밀고 들어오는 형사들이 한마디씩 했다. 그들은 어째 나보다도 더 나의 존재가 익숙한 것 같다.

형사과 안에선 택시기사 한 명이 조사를 받고 있었다. 우리는 그분이 조사를 다 받고 나오기만을 기다렸고, 쭈뼛거리는 나와 달리 그녀는 주저 없이 다가가 냅다 명함부터 건넸다. "아들뻘 젊은이가 그래도 되냐는 말이에요." 그가 씩씩거리며 술에 취한 손님에게 폭행을 당했다고 토로하자, 그녀는 부러 더 놀란 눈을 하고 물었다.

"아들뻘이요? 몇 살이었는데요?"

"스물여덟 살이더라고. 나는요, 하. 내 나이가 예순을 넘겼어요."

"아이고. 많이 다치시진 않으셨어요?"

"얼굴을 툭툭 친 거라 크게 다치진 않았지. 근데 모욕적이잖아요."

"그렇죠, 그렇죠. 선생님, 혹시 그분이 사과하지 않거나 뭐든 억울한 일이 생기시면 연락 주세요."

"아, 고마워요."

"혹시 모르니 저도 선생님 연락처 좀 받아놓을 수 있을까요?"

그녀는 능숙하게 연락처와 이름을 받아내더니, 때린 손님의 이름까지 물었다. 그녀의 위로와 공감에 택시기사는 화를 누그러뜨린 채 경찰서를 나섰다.

"자, 민용씨, 다 받아 적었죠? 선배한테 이 사건 면피로 보고하면 돼요."

"면피요?"

"아, 이런 사건을 면피라고 해요."

면피란 흔하게 일어나는 일이라 기사는 안 되지만, 내가 성실히 경찰서를 돌았다는 건 입증할 수 있는 사건을 뜻했다.

"승객이 어딜 폭행했는데?"

"얼굴을 쳤다고 합니다."

"얼굴을 어떻게?"

"크게 다치진 않았다고 합니다."

"얼굴을 어떻게 폭행했느냐고 묻잖아. 못 알아들어?"

"저…… 거기까지는 파악하지 못했습니다."

"휴…… 평범해 보이는 사건일수록 디테일이 중요해. 디테일에 특별함이 숨어 있을 수 있다고. 그 기사님, 하루 장사 접고 경찰서까지 와서 신고했을 거 아냐. 그 수고로움과 손해를 감수할 만한 모욕적인 일이 있지 않았겠냐? 다시 알아보고 보고해."

택시기사에게 전화를 걸어 잘 들어갔는지 안부를 물으며 미처 하지 못한 질문들을 은근슬쩍 이어갔다. 그러고는 마침내 무슨 일이 있던 건지 마치 CCTV를 돌려본 것처럼 눈에 선해졌을 때쯤, 전화를 끊었다. 됐다. 이제는 선배가 뭘 물어도 거침없이 답할 수 있을 것 같다.

"마포라인 수습 한민용입니다. 다시 보고드립니다. 택시기사의 얼굴을 손바닥으로 툭툭 두 대 쳤다고 합니다. 크게 다치진 않았지만 아주 모욕적이었다고 합니다. 택시기사는 번듯한 직장을 다니다 부당하게 해고를 당했고, 그러다 택시를 몰게 됐다고 합니다. 그런데 아들뻘 되는 손님이 '이러니까 택시나 몰지'라고 모욕적인 발언을 하고, 얼굴까지 쳐 참을 수 없었다고 합니다. 사과하라고 했는데도 '내가 왜 사과하느냐'며 적반하장으로 나와 경찰서까지 오게 됐답니다."

이 정도면 됐다고 생각했는데, 선배의 질문은 허를 찔렀다.

"어느 쪽 얼굴?"

"네?"

"그러니까 어느 쪽 얼굴. 왼쪽? 오른쪽?"

"거기까지는……"

사건을 찾지 못하면 찾지 못했다는 이유로, 사건을 찾으면 제대로 취재하지 못했다는 이유로 혼이 났다. 나는 한숨을 쉬며 교조계(교통조사계)로 들어갔다. 곧 경찰서에 들어가는 일도, 생판 처음 보는 사람에게 '무슨 일로 오셨느냐'고 묻는 일도 숨 쉬는 것처럼 익숙해졌다. 평소라면 텅 비어 있을 캄캄한 새벽의 교조계에는 슬픈 얼굴을 한 젊은 남자가 앉아 있었다. 정장은 꼬깃꼬깃했다. "선생님, 안 좋은 사고를 당하셨나봐요." 그러자 그가 갑자기 벌떡 일어났다. "안녕하세요, YTN 수습입니다. MBN이시죠? 얘기는 전해 들었는데, 제가 기자실에서 잘 안 자다보니 이렇게 처음 인사드리네요."

그의 회사는 수습에게도 정장을 입게 한다고 했다. 정장이 다 구겨진 건 10분이라도 더 자고 싶어 경찰서 의자에서 새우잠을 자서였고, 그의 얼굴에 묻은 사연은 나의 사연과 같은 것이었다. 동병상련이라고 처음 보는 그에게 우정을 느꼈다. "같은 처지끼리 서로 위로들 해." 우리의 대화를 듣고 있던 교조계 형님이 믹스커피를 한 잔씩 타주었다. 믹스커피를 홀짝이며 두 시간에 한 번씩 욕을 먹고 있다고 하소연하자, 그는 이렇게 말했다. "뭘 보고해도 '거기까진 확인 못 했다'는 말이 나올 때까지 집요하게 물었을 거예요. 솔직히 왼쪽 뺨을 맞았는지 오른쪽 뺨을 맞았는지가 뭐가 중요하겠어요. 요령 좋은 친구들은 이렇게 하더라고요. 내용을 전부 다 파악한 뒤에 일부러 몇 개씩 빠뜨리고 보고하는 거죠. 그럼 선배가 혼내면서 알아보고 다시 보고하라고 하잖아요. 그러면 '네, 죄송합니다!' 하고 좀 누워 있는 거예요. 그리고 또하나 보고하고, 또 혼나고, 또 누워 있고." 이 사람 천재인데? "욕먹는 건 잠시예요. 어차피 민용씨가 최선을 다해도 욕은 먹을 거예요. 그럴 바엔 잠시라도 눈을 붙이는 게 전략적으로 옳죠."

　동지들을 사귀며 나름의 요령을 터득해갔지만, 점점 꼬질꼬질해지는 건 막을 수 없었다. 남자들은 경찰서 안에 있는 샤워실을 함께 쓰면 된다지만 여자들은 마땅히 씻을 곳이 없었다. 이럴 줄 알고 세면대에서라도 머리를 감으려 미리 짧게 잘라뒀는데 그게 또 패착이었다. 머리 감고 말릴 시간이 있으면 좀더 자고 싶었던 것이다. 긴 머리면 질끈 묶을 수라도 있을 텐데, 짧은 내 머리는 언제나 까치집이었다. 그럼에도 수면욕은 언제나 창피함을 이겼으니, 꼬질꼬질해질 수밖에 없었다.

　다크서클이 턱밑까지 내려온 우리 꼬질이들은 살 방법을 찾기 시작했다. "오늘 새벽은 내가 서부, 오빠가 은평, 언니가 마포, 서대문은 시간 남는 사람이 돌자." 마포라인 수습 대통합 평화협정을 맺은 것이다. 낮에는 경쟁하더라도 밤에는 협업해야 잘 수, 아니 살 수 있었다. 우리는 각자 맡은 경찰서로 달려가 두 시간 동안 어떻게든 보고 거리를 찾아냈다. 민원실, 흡연구역까지 샅샅이 훑으며 사람을 발견하면 이 야심한 밤 경찰서에 무슨 일로 온 것인지 물었고, 잡혀온 사람은 없는지, 급히 현장 출동하는 경찰은 없는지 확인했다. 그리고 그 결과를 공유했다. 비록 보고를 위해 두 시간마다 일어나 경찰서 앞 도로로(선배의 의심을 피하기 위해 차 소리가 들리는 곳에서 보고해야 했

다) 뛰쳐나가야 했지만, 쪽잠을 잘 수 있는 것만으로도 살 것 같았다. 물론 우리의 협정은 늘 위협받았다. 뛰는 우리 위에 나는 선배들이 있던 것이다. 우리가 생각해낸 모든 방법은 지난날 그들이 이미 했던 것이었고, 우리 중 한 명은 끝내 이런 봉변을 당하게 됐다.

"너희 면피 공유하나?"

"아닙니다."

"너 지금 그럼 은평서야?"

"네, 그렇습니다."

"확실해? 허위 보고만큼 나쁜 건 없다."

"네."

"그럼 지금 전화 끊고 바로 은평서 보이게 셀카 찍어 보내."

지금 다시 생각해도 소름이 끼친다. 그 친구는 날이 밝자마자 회사로 불려 들어갔고, 기자가 허위 보고를 하다니 이런 놈은 기자 자격이 없다며 사직서를 쓰라는 말을 들었다. 눈물을 뚝뚝 흘리며 사직서 대신 구구절절한 반성문을 제출한 뒤에야 기자실로 돌아올 수 있었다. 우리는 그의 등을 토닥토닥 두들겨준 뒤, 모든 경찰서 앞에서 미리미리 셀카를 찍어두었다. 그야말로 창과 방패의 싸움이었다.

우리의 평화협정은 그리 오래가지 못했으니. 하필 그해 공채

풍년이 이어지며 타사 수습들이 우르르 경찰서로 들어온 탓이다. 평화협정은 깨졌고, 경쟁은 더욱 치열해졌으며, 나는 더 꼬질꼬질해졌다. 그런 나를 보며 형님들은 "아이고, 잠복근무 며칠째요? 사우나 한번 다녀오쇼" 하며 놀려댔다. 그럴 때마다 나는 내일은 기필코 뽀송뽀송한 얼굴로 와 이 수모를 갚아주리라 다짐했지만, 번번이 실패했다. 그해 겨울이 유독 추웠기 때문이다. 매서운 칼바람이 불어대는 새벽, 졸린 눈을 비비고 일어나 경찰서의 차가운 물로 어푸어푸 세수를 한다는 것은 굉장한 의지가 필요한 일이었고, 나는 보통의 의지를 가진 평범한 사람이었다……

꼬질꼬질함이 어떠한 척도라도 됐던 건지, 꼬질해지는 만큼 제 몫을 해내기 시작했다. 1인분은 아니더라도 0.5인분은 하게 된 것이다. 우선 사건사고가 터지면 현장에 달려가 무슨 일이 일어난 건지 육하원칙을 능숙하게 취재할 수 있게 됐다. 또 목격자에게, 민원인에게, 현장에 나와 있는 형님들에게 제대로 질문하고 필요한 답을 받아낼 수도 있게 됐다. 선배에게 '거기까지는 아직 확인하지 못했다'는 말도 거의 안 하게 됐다. 꼬질함이 진짜 나의 피부라도 된 것처럼, 얼굴도 좀 두꺼워졌다. "여기가 어디라고 들어와요, 참" 이런 말에 아무렇지 않게 "아이고 형님, 인사하러 온 사람한테 너무하시네. 한국인은 정인데 커피

한잔 안 주시고" 하며 걸쭉하게 받아치게 된 것이다. 이렇게 얼굴을 튼 형님들은 지금까지도 나를 '꼬질꼬질했던 수습'으로 기억하고 있다. 경찰서를 출입하는 내 후배들에게 "JTBC? 한민용 기자가 요즘 앵커 하대? 진짜 꼬질꼬질했는데 정말 용 됐어" "그때 우리 방 믹스커피를 거덜냈잖아. 언제 마포 쪽 오면 놀러 오라 해요. 커피 한잔 타준다고"라는 식의 안부 인사도 전한다고 한다. 물론 그럴 때마다 나는 강변한다. "아냐. 나는 비교적 멀끔한 수습이었어. 수습 중에선 내가 제일 깨끗했을걸?"

◐

누군가에게는 추억이, 누군가에게는 무용담이 된 하리꼬미는 주 52시간 근무제와 함께 역사의 뒤안길로 사라졌다. 그때나 지금이나 나는 자의가 아닌 타의로, 교육이란 미명 아래 제대로 씻지도, 자지도 못하게 한 것은 굉장히 폭력적이라고 생각한다. 다만 그와는 별개로, 그 시절을 지나오며 깨우친 사실이 있다. 바로 무언가를 잘하려면, 제아무리 뛰어난 사람일지라도 '절대적인 시간'이 필요하다는 것이다.

하리꼬미를 하며 쏟아부은 시간은 나를 민간인에서 기자로 단숨에 탈바꿈시켜줬다. 일단 부딪쳐보며 모르는 사람에게 말을 거는 것에 대한 두려움을 빠르게 없애줬고, 기자 생활 내내 따라다닐 문전박대나 반감, 배척에도 익숙하게 만들어줬다. 무수히 반복했던 시행착오 덕에 착한 제보자가 하는 말이 모두 사실은 아니고, 나쁜 사기꾼이 하는 말도 모두 거짓은 아니며, 정의로운 경찰관이 하는 말 역시 다 진실은 아니라는 점을 깨우칠 수 있었다. 사람은 타인을 속이겠다는 악의 없이도 결과적으로는 속일 수 있다는 점, 그리고 사실이 곧 진실로 이어지지 않는 경우가 있다는 점도.

무언가를 잘하려면 시간을 들여야 한다는 어쩌면 뻔하고 당연한 가르침을 경찰서를 뺑뺑 돌며 머리가 아닌 몸으로 깨우친 뒤, 나는 내가 의미 있다고 생각하는 일, 잘해내고 싶은 일에 시간을 쓰기로 했다. 큰 사건사고가 터져 누군가 현장에 가야 할 때면, 번쩍 손을 들었다. 그 탓에 남들보다 더 일하게 되는 것을 손해라고 생각하지 않았다. 휴일을 날리게 되는 것에도 인색하지 않았다. 워라밸을 중시하는 요즘 시대에는 어울리지 않는 말일지도 모르겠다. 하지만 어렵게 기자가 됐는데, 시시한 기자로 남고 싶지는 않았다.

TAKE 10　　　　　　　　　　　　　　　　　　　　　　　　NEWS

재능은 없다

📷　'최연소' '최초' 등의 수식어가 붙어서인지 나에게 재능에 관한 이야기를 하는 사람이 유독 많다.

"제가 재능이 있는지 잘 모르겠어요. 앵커님도 고민해본 적 있나요?"

이런 질문을 받을 때마다 난감하다. 용기를 주려면 당연히 나도 그랬다고 말해야겠지만, 딱히 떠오르는 기억이 없다. 정확히는 이런 질문을 받기 전까지, 재능에 대해 진지하게 생각해본 적이 없다는 사실조차 인지하지 못하고 있었다. 굳이 따지자면, 사람들이 말하는 그 재능이라는 것, 나는 없는 편 아니었을까? 필기시험에서 수도 없이 떨어지고, 글을 못 쓴다는 말을 숱하게 들었으니까. 그런데도 재능에 대해 생각해보지 않았다니. 어디 좀 모자라거나 근거 없는 자신감에 가득찬 사람이라고 생각할 수도 있겠다. 나는 그 어느 쪽도 아닌 것 같은데…… 내가 왜 그랬을까 골똘히 생각해봤다. 아무래도 이유는 하나였다. 나는 그게 뭐든 거창한 것은 좋아하지 않는다. 거창한 말, 거창한 계획, 거창한 표현, 거창한 사랑, 거창한 이별, 거창한 아픔…… 거창하게 의미 부여한 무언가가 내 손에 떨어지면, 나는 기겁하며 무게감부터 싸악 걷어낸다. 그러니 내가 하고 싶은 일을 좇으면서도 무의식중에 '거창함'을 덜어냈을 것이다. 거듭되는 나의 탈락에 대해서도 큰 의미를 부여하지 않았을 것이다. 신춘문예에 당선되거나 문학상을 받겠다는 것도 아니니 '거창한' 재능 같은 건 필요하지 않다고, 나에게 필요한 필력은 노력하면 느는 '범인凡人의 영역'에 속한다고 말이다. 끝내 기자가 된 걸 보면 아주 틀린 생각은 아니었던 것 같다.

다시 '재능'에 관한 이야기로 돌아가보자면, 나는 어렵사리 기자가 된 뒤에도 문제가 많았다. 기사를 제대로 쓰지 못한 것이다. 처음 기자가 되면 세 줄짜리 짧은 기사, 단신 쓰는 교육부터 받는다. 많은 경우 긴 글보다 짧은 글이 더 쓰기 어려운 면이 있지만, 그걸 감안하더라도 꽤 엉망으로 쓴 모양이다. 교육을 하던 바이스(경찰팀의 부팀장)가 특단의 대책이라며 깜지를 시킨 것이다. 깜지라니…… 학생 때도 깜지는 안 했다. 자괴감이 들었지만 매일 다른 회사 기자들이 쓴 단신을 베껴 쓰고, 그 결과물을 사진으로 찍어 바이스에게 보냈다. 그렇게 두어 달 정도 했을까. 사람 좋은 바이스는 다 큰 성인한테 이렇게까지 하는 건 아무래도 좀 아닌 것 같다며 앞으로는 믿고 자율에 맡기겠다고 했다. 말은 그렇게 해도, 바이스조차 내가 혼자서, 자율적으로 깜지를 이어갈 거라고 기대하진 않았을 것이다. 그런데 나는 지금도 그 비스무리한 것을 계속하고 있다.

기자의 글쓰기가 다른 글쓰기보다 수월한 점은 모범 답안이 많다는 것이다. 똑같은 사안을 다룬 기사가 하루에도 와르르 쏟아진다. 기자이기 이전에 독자였던 만큼, 누가 제목을 잘 뽑았는지, 취재를 단단하고 충실하게 했는지, 내용을 쉽게 잘 썼는지 바로 알 수 있다. 반대로 누가 못했는지도 어렵지 않게 집어낼 수 있다. 그러니 기사를 쓴 날이면 어김없이 성적표를 받아든다. '역시 나야 나!' 하는 날도 있지만 반대로 시무룩해지는 날도 많다. 그런 날이면 반성문을 쓰게 됐다. 그래도 반성문이 쌓이다보면 실력도 쌓이니, 기자의 글쓰기란 노력이 쉽게 배신당하지 않는 유형이라고 할 수 있겠다. 다행히 연차가 차면서 반성문 쓰는 일은 점점 줄었는데, 그즈음 나는 완전히 새로운 종류의 반성문을 다시 쓰게 된다. 앵커가 된 것이다.

◎

기자로서도 그다지 재능이 있는 편은 아니었는데, 앵커로서는 더더욱 그랬다. 그런데 막 시작했을 때에는 그 사실조차 제대로 인지하지 못했다. '나한테 재능이 있나?' 질문을 품어볼 겨를도 없이 덜컥 앵커가 됐기 때문이다. 대신 나는 이런 질문을 던졌다. "앵커 멘트는 어떻게 쓰는 거예요? 앵커링은 어떻게 하는 거고요?" 발등에 불 떨어진 사람만이 할 수 있는 질문이었다. 그나마 다행인 건 내가 매우 운좋게도, 당대 최고의 앵커로 평가받는 손석희 앵커 밑에서 앵커 생활을 시작했다는 것이었다. '좋은 앵커 멘트는 무엇이냐'는 내 질문에 선배는 이렇게 답했다.

"우리 예능 〈한끼줍쇼〉 봤지?"
"아뇨."
여기서 대화는 한 번 끝날 뻔한다. 하지만 선배는 인내심을 갖고 다시 말을 이어갔다.
"아무나 찾아가서 밥 한끼 달라고 하는 프로그램인데, 그 집 대문을 누가, 어떤 방식으로 두드리느냐에 따라 문이 열리고 안 열리고가 결정되겠지? 앵커 멘트라는 게 그런 거란 말이야."

선배의 말에는 '앵커란 무엇인가' 하는 본질이 담겨 있었다. 이제까지 내가 기사를 '쓰는' 사람이었다면, 지금부터의 나는 기사를 '파는' 사람이었다. 기자들이 애써 취재해 한 단어 한 단어 공들여 쓴 기사를 갈고닦아 반짝반짝 광을 낸 뒤 '동네 사람들, 여기 좀 보세요!' 외치며 내다파는 사람, 그게 앵커였다.

그런 면에서 나는 좋은 앵커는 아니었다. 장단이 뚜렷한 편이었는데, 단점이 장점을 압도했다. 장점은, 나름 치열하게 기자 생활을 해왔기 때문에 기사 보는 눈이 있다는 것이었다. 기사에서 가장 빛나는 부분을 끄집어내는 것은 곧잘 해냈다. 회의실에서 어떤 기사가 중요한지, 어떤 부분을 강조하고 어떤 부분은 생략하는 게 좋을지, 베테랑 기자인 부장들도 들어볼 만하다고 여겨지는 의견을 낼 수도 있었다. 그러니까 나는 보도국 회의실에 있을 때까지만 해도 그럭저럭 괜찮은 앵커였다. 하지만 스튜디오에 앉는 순간부터는 꽝. 꽝이었다.

첫 방송을 보름 정도 앞두고 급하게 리허설을 했다. 보통은 카메라 위치와 동선 정도만 확인하는데, 나는 아니었다. 진짜 생방송하듯 처음부터 끝까지 뉴스를 진행하고, 녹화까지 뜬 것이다. 사장의 지시였다. 이제까지 주말 〈뉴스룸〉은 특보든, 낮에 하는 짧은 뉴스든 앵커석에 앉아본 사람에게 맡겨졌다. 그런데 나는 단 한 번도 앵커를 해본 적이 없었으니, 선배로서는 직접 보고 피드백을 줘야겠다고 생각했을 것이다. 제작부에서는 "중계랑 출연을 그렇게 잘했는데 별문제 있을까요?" 하며 굳이 녹화까지 할 필요 있겠느냐고 했지만, 선배는 완강했다. 그리고 그가 옳았다. "아이고." 리허설 영상을 본 사람들의 입에서 곡소리가 흘러나왔다. 로봇 같다, 청학동 같다, 북한 조선중앙TV 같다…… 별별 비유가 다 쏟아졌다. 비유는 저마다 달랐지만 그들이 말하고 싶은 바는 같았다. 내가 어색하고 또 어색하다는 뜻이었다.

"도대체 뭐가 문제야?"

그들의 질문에 나는 기어들어가는 목소리로 답했다.

"카메라가 어색해서요……"

그러자 다들 의아해했다. 중계 탈 때도 출연할 때도 늘 카메라 앞 아니었냐는 것이다. 나는 다시 한번 기어들어가는 목소리로 답했다.

"출연할 때는 손선배 얼굴만 보면서 답했고, 중계 탈 때는 카메라를 잘 안 봤거든요. 제 머릿속에 있는 걸 답하는 거니까요.

그런데 지금은 프롬프터를 똑바로 쳐다봐야 하니까……"

프롬프터는 원고를 모니터에 띄워주는 장치이다. 그 말에 선배는 특약처방을 내렸다.

"얘 진행할 때 프롬 다 꺼버려."

졸지에 모든 멘트를 외워 방송해야 하는 처지가 된 것이다.

"그게 더 떨리는데요. 그 많은 앵커 멘트를 어떻게 다 외워요. 그러다 머리가 새하얘져서 방송사고 내면 어떡해요……?"

나의 읍소에 선배는 프롬을 끄라는 지시는 거둬들였다. 대신 자신의 노하우를 전수해주었다. 그 노하우를 받들어 나는 필사의 연습을 했고, 며칠 뒤 다시 리허설을 했다.

"너 휴가 가라."

두번째 리허설 영상을 받아본 선배는 대뜸 이렇게 말했다.

"휴가요……?"

첫방도 하기 전에 잘렸다고 생각했다. 그 정도로 엉망이었기 때문이다.

"그래. 아무 생각 말고 머리를 비우면, 무의식에서 답을 찾는 경우가 있거든."

잘린 것은 아니었다. 하지만 어쩌면 잘리는 게 더 나았을지도 모른다. 조금도 나아지지 않은 상태로 첫 방송을 앞두게 됐으니 말이다.

"앵커 멘트를 확 줄여버려라."

첫방이 코앞으로 다가왔을 때, 선배는 또다른 특단의 대책을 내놓았다. 당시 우리 뉴스의 앵커 멘트는 타사 뉴스에 비해 매우 긴 편이었다. 최고의 스타 앵커를 가진 방송사답게 스타를 최대한 오래 노출하는 게 전략이었던 것이다. 하지만 나에게는 정확히 정반대의 전략이 필요했다. '저 앵커 어딘가 이상한데?' 하고 시청자가 눈치채기 전에 내가 화면에서 사라지는 것이다. 지극히 현실적인 조치였다.

"잘못 뽑은 것 같은데……" "기자로는 참 괜찮았는데. 확실히 앵커는 아무나 하는 게 아니야" "시청률 떨어지는 거 아냐?"

첫 방송이 끝나고 여기저기서 나에 대한 평가가 들려왔다. 나는 낙담한 채 선배에게 물었다.

"기자들이 정말 고생해서 만든 뉴스인데 저 때문에 시청자들이 안 보면 어떡하죠?"

정말이지, 그때나 지금이나 나는 이게 가장 두렵다. 그러자 선배는 특유의 차가우면서도 다정한 말투로 답했다.

"야, 네가 그래도 양심은 있구나."

나는 다시 물었다.

"연습하면 나아질까요?"
선배도 다시 답했다.
"안 나아지면 큰일이지."
나아질 거라는 말이었다.

앵커는 보여지는 직업이지만, 보여지지 않는 게 훨씬 더 중요하다. 얼마나 예쁘고 멋진지, 목소리가 듣기 좋은지보다 뉴스에 대한 철학, 저널리즘에 대한 신념 같은 보여지지 않는 것이 더 중요한 자질이라고 믿는다. 하지만 문제는 소위 말하는 '비디오·오디오'가 꽝이면 아무리 무수히 많은 장점이 있더라도 그 장점들이 빛을 발할 수 없다는 것이었다. 나는 그때부터 전혀 다른 차원의 깡지를 시작했다. 외국어 공부를 하듯, 다른 회사 앵커들의 앵커 멘트를 똑같이 따라 읽기 시작한 것이다. 매일 녹음기를 켜고 그들의 호흡, 포즈, 발음을 모두 따라 하며 비교하고 고쳐나갔다. 아나운서 선배가 가르쳐준 발성 연습도 매일 했다. 배에 힘을 딱 주고, 가! 갸! 거! 겨! 고! 교! 구! 규! 소리를 내뱉었다. 평생을 내향인으로 살아온 나로서는 배에 힘을 주고 큰 소리를 낸다는 것부터가 쉽지 않았다. 사오정처럼 호흡이 끊길 때까지 '아~~~' 소리를 내며 목소리 톤을 찾아가는 연습도 했다. 그러다보니 나아졌다. 얇고 힘없는 목소리가 저음의 단단

한 소리로 바뀌진 않았지만, 안정적인 목소리를 갖게 됐다. TV 속 내 모습도 내가 꿈꾸는 것만큼 근사해지지는 않았지만, 로봇처럼 뚝딱거리지는 않게 됐다. 솔직히 말하면, 나는 오랫동안 사람들이 당시의 나에게 좀 너무했다고 생각해왔다. 그러다 최근 어쩌다 나의 첫 방송을 돌려볼 일이 있었는데, 그만 입이 떡 벌어지고 말았다. 단순히 못한다, 모자라다의 수준이 아니었다. 방송사고 수준이었다. 아아…… 나의 원망은 얼마나 배은망덕한 것이었나. 당장 나를 자르지 않고 기다려줬다니…… 모두의 너그러움에 절로 경의를 표하게 됐다. 그리고 새삼, 내가 장족의 발전을 했다는 점을 깨달았다.

만약 스스로에게 재능이 없고, 노력해도 나아지지 않을 거란 생각에 사로잡혀 괴로운 사람이 있다면, 나는 별다른 말 없이 나의 첫 방송을 보여주겠다. 그러면 바로 알게 될 것이다. '재능'보다 '시작'이 더 큰 가능성을 품고 있다는 것을. 일단 시작하면 자신의 모습 중 가장 근사한 모습을 끌어낼 수 있다는 것을. 그리고 대부분의 경우, 그것만으로도 충분하다는 것을.

TAKE 11   NEWS

술 대신 쌍화탕

📷　　사실 나에게도 '재능'과 관련한 아픈 기억이 있다. 노력해도 늘지 않는 견고한 벽처럼 느껴지는 나의 한계. 어쩌면 나에게는 재능이 없을 수도 있겠다는 불안과 정말 재능이 없다는 확신 뒤에 찾아오는 좌절. 재능 있는 동료들을 바라보며 품게 되는 질투와 신을 향한 원망. 나도 느꼈다. 그런데 왜 이야기하지 않았느냐, 이유가 다 있다. 자신의 재능을 깊이 고민하는 청춘에게 건네기에는 아무래도 좀 부적절하게 느껴져 섣불리 꺼낼 수 없던 것이다. 그게 뭐냐면…… 술, 술이다.

　나는 술을 한 잔도 못 마신다. 체질적으로. 나뿐만 아니라 우리집 대대손손 술을 못 마셨다고 한다. 우리 삼 남매는 모두 술을 못 마시는데, 그중에서도 나는 최약체이다. 소주를 한 모금 마시면 얼굴이 새빨개지고, 한 잔을 마시면 발가락까지 새빨개진다. 술에 취하면 몽롱해지고 기분이 좋아진다는데, 나는 언제나 그 상태에 이르기 전에 모두 게워내기 때문에 정신은 말짱하다. 술에 취한다는 것은 어떤 기분일까. 너무나 궁금하지만 나는 영원히 그 느낌을 알 수 없을 것이다. 애통하다. 그 애통함은 나처럼 술 못 마시는 사람만이 알 수 있다. 피천득 선생님은 생전 자신의 애통함에 대해 수필집 『인연』에 이런 글까지 남겼다.

> 내가 술 먹을 줄 안다면 더 많은 친구를 사귈 수 있었을 것이요, 탁 터놓고 네냐 내냐 할 친구도 있을 것이다. (…) 남이 권하는 술을 한사코 거절하며 술잔이 내게 돌아올까봐 권하지도 않으므로 교제도 할 수 없고 아첨도 할 수 없다. 내가 술을 먹을 줄 안다면 무슨 사업을 해서 큰돈을 잡았을지도 모른다.
>
> _피천득, 「술」 중에서

그래도 피천득 선생님에겐 하늘이 내린 천부적인 재능이 있으니 술을 좀 못 마셔도 괜찮다. 그런데 나는 아니다. 내 직업은 되도록 많은 사람들을 사귀어야 하고, 그들과 탁 터놓고 네냐 내냐 할 수 있는 사이가 되어야 한다.

"체질적으로 술을 못해서요"라고 말하면 선배들은 내가 무슨 엄청난 취업 사기라도 저지른 것처럼 쳐다보곤 했다. 사투리를 고치지 못해 방송기자로서 더빙을 할 수 없는 지경이어도, 단신을 엉망으로 써도 짓지 않는 표정이었다. 그들은 공통되게 이런 위로를 늘어놓기도 했다. "야, 괜찮아. 늘어. 마시다보면 다 늘어." 그러면서 아무개도 술을 못했는데, 이제는 곧잘 한다는 성공 사례를 꼭 덧붙이곤 했다. 나는 다년간의 시도 끝에 아무리 마셔도 술이 늘지 않는다는 것을 알고 있었지만, 선배들은 포기를 몰랐다. 그렇게 억지로 몇 잔 마시고 나면, 어김없이 화장실로 달려가야 했고 한참 뒤에야 돌아올 수 있었다. 그게 너무 괴로워 술자리는 어떻게든 피하려 했고, 회식만 하면 제일 구석 자리에, 있는 듯 없는 듯 최대한 눈에 띄지 않도록 조용히 앉아 있었다. 그런 나를 보며 선배들은 "저렇게 사회성이 없어 어찌 기자 생활하누" 혀를 쯧쯧 찼다.

겨우 술 가지고 왜들 난리냐고 할 수 있겠지만, 이유 있는 걱정이기는 했다. 새벽까지 조사를 받고 나온 사건의 핵심 인물에게 '사건 얘기는 안 묻겠다. 당신도 나도 새벽까지 고생했는데, 요 앞 포장마차에서 소주나 한잔하자'고 한 뒤 중요한 자료를 모두 받아와 특종을 터뜨렸다는 식의 무용담, 우리 업계에는 차고 넘쳤다. 취재원을 사귀려 해도, 제보자와 속깊은 이야기를 나누려 해도 '술 한잔'은 빠지는 법이 없었다. 게다가 수습이 끝나갈 무렵부터는 취재원과의 술자리가 줄줄이 이어졌다. 정식으로 기자가 된 우리에게 선배들이 자신의 취재원을 소개해주려는 것이었다. 하지만 나는 그런 자리에 초대받지 못했다. 팀 대 팀으로 만나는 자리면 으레 누가누가 더 잘 마시나 대결이 펼쳐지는 만큼, 전력에 하등 도움 안 되는 나를 껴줄 수 없던 것이다. 경찰서에서 믹스커피만 마시고 다닐 때는 날아다니는 것 같았는데, 술이 껴들어오고 난 뒤부터는 나보다 다른 동기들이 사람도 잘 사귀고 신뢰도 잘 쌓고 취재도 더 잘해오는 것 같았다.

억울함과 비참함 속에서, 나는 술을 대신할 것을 찾아내야만 했다. 사실 기자에게 중요한 건 술 그 자체가 아니라, 사람을 사귀고 신뢰를 쌓는 수단이다. 술 말고, 사람의 마음을 얻고 신뢰를 쌓을 만한 게 뭐가 있을까. 나는 그것을 숙취 해소제를 사러 갔던 편의점에서 찾았다. 쌍화탕. 그날부터 패딩 양쪽 주머니에 따뜻한 쌍화탕을 꽂고 다니며 출동을 마치고 돌아온 형님들의 새빨개진 손에, 추위를 뚫고 경찰서에 도움을 청하러 온 민원인의 떨리는 손에 쥐여주었다. 쌍화탕을 쥔 그들은 나를 자신의 노고를 알아주는, 혹은 자신의 두려움을 알아주는 사려 깊은 사람으로 생각해주었다. 쌍화탕이 전해준 온기만큼 나를 따뜻한 사람이라고 여겨주기도 했다. (실제 처음 보는 사람이 따뜻한 커피를 쥐여주면 그 사람을 따뜻한 사람으로 받아들인다는 실험 결과도 있다.) 겨울이 지나가면서 또다른 방법을 찾아내야 했지만, 다행히 사람의 마음을 얻는 법은 무궁무진했다.

쌍화탕과 포스트 쌍화탕을 찾으며 어느덧 13년 차가 되었다. 이 정도 연차가 되면 뭐가 콤플렉스라고 말하기도 민망하지만, 술은 여전히 나에게 콤플렉스다. 아마 영원히 그러지 않을까 싶다. 지금도 선배들은 말한다. "얘가 술만 잘 마셨어도 진짜 대단한 기자가 됐을 거야." 나도 말한다. "내가 술만 잘 마셨어봐. 인생이 달라졌을 거야. 아첨도 잘하고 큰돈을 만졌을지도 몰라." 그럴 때마다 남편은 말한다. "술 못 마셔서 잘 풀린 거야, 너. 피천득 선생님도 술 잘 마셨으면 맨날 술 마시러 다니다가 글쓸 시간 부족해 지금의 피천득이 못 됐을지도 몰라."

TAKE 12   NEWS

죽음을 좇는 직업

내가 처음 죽음을 마주한 것은 경기도 남양주에서였다. 그날도 나는 수습기자로서, 패딩 양 주머니에 쌍화탕을 찔러넣고 경찰서를 돌고 있었다. 그때 위리링링— 주머니에서 요란한 진동 소리가 울렸다. 핸드폰이 쌍화탕 유리병과 부딪치며 내는 소리였다.

[속보] 남양주 ×××공장 암모니아 유출 2명 부상

바로 진동이 또 울렸다. 이번에는 선배였다. "속보 봤지? 지금 바로 공장으로 출발해. 도착하면 바로 목격자부터 찾고. 현장에서 보자."

현장에 도착하니 눈과 목이 따끔거렸다. 아이스크림을 만드는 데 쓰이던 암모니아 가스가 유출됐다더니, 이게 바로 그 가스구나 싶다. 발 빠른 타사 수습 동기 녀석은 어디서 구했는지 벌써 마스크를 쓰고 있었다. 그는 콜록대는 나를 향해 길 건너편을 가리켰다. "저기 약국 가면 팔아. 쓰면 그래도 나아." 그의 말대로 마스크부터 사서 쓰니 확실히 좀 나았다. 나는 마스크를 얼굴에 확실히 밀착시키려 손으로 꾹꾹 눌러가면서 사고 현황이 적힌 전광판을 찾았다.

전광판에 적힌 부상자는 총 3명. 속보로 본 것보다 1명 더 많았다. 그중 1명은 양쪽 다리가 모두 부러지는 중상을 입었지만, 어쨌든 모두 생명에 지장은 없다고 했다. 다행이었다. 하지만 실종자가 1명 있었다. 냉동창고에서 작업하다 변을 당한 것이다. 그는 무너진 건물 잔해 어딘가에 깔려 있을 것으로 추정됐다. 구조 작업을 좀더 가까이서 지켜보고 싶어 공장 쪽으로 다가갔다. 그러자 바로 눈에서 눈물이 주룩주룩 흐르고 숨이 턱턱 막혀왔다. 나는 황급히 뒷걸음질을 치며 그저 실종자가 무사히 구조되기만을 간절히 바랐다. 하지만 나는 어렴풋이 알고 있었다. 내 바람이 이뤄지지 않으리라는 것을.

목격자를 찾아 인터뷰하고, 사고 상황이 담긴 CCTV를 확보

하며 할 일을 마친 수습들이 삼삼오오 모여 다시 경찰서로 돌아갈 채비를 하던 때였다. 한 아주머니가 우리에게 다가왔다. 어안이 벙벙하다는 얼굴이었다. "저기요." 나는 그녀가 도대체 이게 다 무슨 난리냐고 묻고 따지러 온 줄 알았다. 암모니아 가스 유출 때문에 그런 주민이 많았다. 그런데 아주머니의 입에서는 전혀 뜻밖의 이야기가 흘러나왔다.

"우리 애아빠가 저 공장에서 일하는데 연락이 닿지 않아요."
나는 마스크를 살짝 내리고 물었다.
"남편분 성함이 어떻게 되시는데요?"
"도……"
가슴이 철렁했다. 흔치 않은 그 성씨는 전광판에 적힌, 미처 빠져나오지 못한 이의 것이었다. 우리의 표정을 읽어냈는지 아주머니는 그만 그 자리에 털썩 주저앉고 말았다.
"아주머니 괜찮으세요?"
나는 깜짝 놀라 물었다. 아주머니가 무어라 말하는 것 같은데 소리가 작아 잘 들리지 않았다. "네?" 하고 되물어봤지만, 마찬가지였다. 나는 아주머니의 입을 쳐다봤다. 마치 염불을, 기도문을 외듯 비슷한 모양으로 반복해 움직이고 있었다.
다시 한번 아주머니를 부르며, 이번엔 그녀의 입으로 귀를 가까이 가져갔다. 그제야 들렸다. 아주머니의 말이.

"……어떡해. 불쌍해서 어떡해……"

염불처럼, 기도처럼 외던 그 말은 불쌍해서 어떡하느냐는 말이었다. 아주머니는 하염없이 그 말만 반복하고 있었다.

어떻게 해야 할지 도무지 모르겠던 나는 마스크를 샀던 약국으로 뛰어들어갔다. 뭐라도 해야 한다, 약이라도 사다 드리자는 생각이었다. 그런데 어떤 약을 달라고 해야 하는 걸까. 밥벌이한다고 나간 남편이 영영 집으로 못 돌아오게 되었다는 사실을 알게 된 사람에게는 어떤 약이 필요한 걸까.

"마스크 더 드려요?"

해야 할 말을 찾지 못하고 허둥지둥대는 내게 약사가 물었다.

"아뇨, 그게 아니고, 남편분이…… 아니, 그러니까, 그 실종된 분 있었잖아요. 그분 아내분이 오셨는데 정신을 못 차리세요."

"어머, 기절하셨어요?"

"아뇨. 기절하시진 않았는데 불쌍해서 어떡하느냐는 말만 계속 반복하세요."

이럴 땐 어떤 약을 줘야 하는지 약사도 알 턱이 없다. 그녀는 어찌할 바를 모른 채 그저 진열대를 한 바퀴 삥 둘러보기만 했다. 진열대의 수많은 약 중 과연 어떤 것을 줘야 할지 몰라 허공을 헤매던 약사의 손이 마침내 우황청심환을 집어들었다.

　내가 다시 아주머니에게 달려갔을 때, 그녀는 정신을 차리고 말하고 있었다.

　"식당에서 설거지하고 있는데 같이 일하는 아줌마가 저를 부르는 거예요. 뉴스 좀 보라고, 저기 애기 아빠 일하는 데 아니냐고. 보니까 맞는 거 같더라고요. 그래서 전화를 걸었는데…… 안 받아요. 원래 일할 땐 전화 잘 못 받으니까 아니겠지, 아니겠지 했는데…… 몇 시간을 안 받으니까 너무 이상하잖아요. 그래서 일하다 말고 여기까지 와본 건데…… 어떡해요? 우리 애 아빠 불쌍해서 어떡해요. 불쌍해서 어떡해……"

　그 말을 듣고 있던 내 눈시울은 점점 붉어졌다. 이내 굵은 눈물이 아스팔트 위로 뚝뚝 떨어졌다. 하지만 아주머니는 아니었다. 그녀의 눈은 메말라 있었다. 눈물 한 방울조차 제대로 터뜨리지 못하고 있었다. 나는 훌쩍이며, 울지 못하는 그녀의 손에 우황청심환을 가만히 쥐여주었다. 그리고 아주머니와 눈이 마주쳤을 때 나는 처음으로 알게 되었다. 비가 온 다음날의 지렁이, 늦여름의 매미, 얼굴은 못 봤지만 제사 때마다 영정사진으로 보았던 내 아버지의 아버지, 친하진 않았어도 같이 수업 듣던 동급생을 통해 죽음을 겪었다고 생각해왔지만, 사실은 아니었다는 것을. 나는 지금 비로소 처음으로 죽음을 마주했다. 죽음은 남겨진 사람의 얼굴을 통해서만 마주할 수 있는 것이었다.

"선배, 여기 유족이십니다."

수습 중 누군가가 자신의 선배를 데려왔다. 선배는 자초지종을 듣더니 그 자리에서 바로 업체 관계자에게 전화를 걸어 유족이 오셨다고, 유족에게 사고 소식을 알리지 않은 거냐고 물었다. 잠시 뒤 정장을 빼입은 사람들이 헐레벌떡 뛰어왔다.

"여기 그 아내분이시랍니다." 선배의 말에 그들은 연신 고개를 숙였다. "죄송합니다. 뭐라고 말씀을 드려야 할지…… 정말 죄송합니다." 그제야 아주머니의 눈에서 눈물이 톡 하고 터져 나왔다. 어떻게 사람이 죽었는데 연락 한 번 안 줄 수 있느냐고, 우리 애아빠 지금 어디에 있느냐고, 가슴을 치며 말했다. 이제 아주머니는 엉엉 울고 있었다. 그러자 내 눈에 또 눈물이 그득 고였다. 어느덧 엉엉 우는 아주머니의 모습이, 고개를 푹 숙인 정장 입은 남자들의 표정이 보이지 않았다.

정장 무리는 아주머니를 부축해 어디론가 데려갔고, 잠시 뒤 무리 중 한 명이 우리를 다시 찾아왔다. "저 기자님, 기사 쓰시는 데 오해가 있으실까봐 설명을 좀 드리고 싶은데, 저희가 연락을 분명 취하고 있었는데……" 그러자 선배가 말을 뚝 자르고는, 이번에도 감정이 전혀 묻어나지 않는 목소리로 물었다.

"연락 못 받은 유족이 뉴스 보고 찾아온 건 사실 아닌가요?"
선배 말이 맞았다. 그와 일면식조차 없는 우리 모두는 그가 실종됐고, 아무래도 살아 돌아오지 못하리란 사실을 진즉에 알고 있었는데, 수십 년 살을 맞대고 살아온 아내만 몰랐다는 것은 너무나 원통하고 비참한 일이었다. 정장 입은 남자는 다시, 유족측에 연락을 취하고 있었는데 본사 직원이 아니다보니 시간이 좀 걸린 것 같다고 읍소하듯 말했다. 그러자 선배도 언제 어떤 방식으로 유족에게 연락을 취했는지 다시 캐물었다. 직원은 정확히 알아보고 연락 주겠다며 명함을 건네고는 사라졌다. 그가 떠나자, 선배는 자신의 후배를 돌아보며 말했다.

"현장에서 울지 마."

이번엔 짜증이 잔뜩 묻어 있는 목소리였다. 우리는 울지 않는 법부터 배워야 했다. 우리는 같이 울어주려 이곳에 있는 것이 아니었다. 눈물이 앞을 가려 아무것도 볼 수 없는 사람들을 대신해 눈을 똑바로 떠야만 했다. 눈을 똑바로 뜨지 않으면, 제대로 기록할 수도 없었다.

다시 수습의 일상으로 돌아온 뒤에도, 나는 경찰서를 돌며 틈틈이 이 사건을 검색하곤 했다.

유족은 사고 당일 뉴스를 보면서도 실종자가 남편일 줄 꿈에도 몰랐다고 한다. 회사측으로부터 어떠한 연락도 받지 못했기 때문이다.

아주머니의 목소리가 기사를 통해 세상에 알려졌다. 좀 안도가 됐다. 단 몇 줄의 기사가 작은 위로와 방패처럼 느껴졌기 때문이다. 오늘의 아주머니가 겪은 원통함과 비참함을 작게나마 위로하고, 내일의 그녀에게 또 누군가 함부로 할 수 없게끔 막아주는 작은 방패. 기사는 계속해서 쏟아졌다. 기사에 따르면 아주머니의 남편은 그곳에서 30년을 일해온 사람이었다. 1980년대 입사한 뒤 아이스크림을 출고하는 일 등을 해왔는데, 회사가 계열사로 분리되며 졸지에 협력업체 직원이 됐다고 한다. 하는 일은 달라지지 않았지만, 처우는 나빠졌다. 그래도 그는 그곳에서 30년간 성실히 일했다. 눈에 넣어도 아프지 않을 아들과 딸이 있었기 때문이다. 그는 자식들을 훌륭히 키워냈고, 1년만 있으면 정년퇴임이었다. 정년퇴임하고 나면 우리 네 식구 처음으로 다 같이 가족여행을 가자고, 그는 설레는 목소리로 말했다고 한다. 하지만 그는 그날 끝내 집으로 돌아오지 못했다. 발견 당시 그의 몸은 얼음장처럼 꽁꽁 얼어 있었고, 얼굴은 암모니아로 심한 화상을 입은 상태였다고 한다. 조사를 벌인 경찰은 이렇게 밝혔다.

회사가 암모니아 유출을 감지한 뒤 자사 직원들만 대피시키고, 하도급업체 직원들은 대피시키지 않았다.

일을 하다보면 직업인으로서의 철학이 만들어지는 순간이 찾아온다. 순간이 쌓이고 쌓여 '내가 일하는 동안 이것만큼은 목숨처럼 지켜야겠다. 직업인으로서 나의 소명은 이것이다' 하는 나름의 철학을 갖게 된다. 내게는 이날이 바로 그 첫 순간이었다. 그날 나는, 앞으로 기자 생활을 하는 동안 적어도 죽음만큼은 제대로 마주하겠다고 다짐했다. 또다시 죽음을 마주하게 된다면 그때는 절대 울지 않겠다고, 우황청심환 대신 위로와 방패가 될 수 있는 어엿한 기사를 쓰겠다고 말이다.

그러나 나는 전혀 준비되지 않은 채로, 내가 예상했던 것보다 훨씬 더 빨리, 또 죽음을 마주하게 되었다.

◎

 그로부터 딱 두 달이 흘렀을 때였다. 나는 여전히 수습기자였고, 철야 교육을 받는 날이었다. 철야는 밤새 보도국을 지키며 밤사이 일어나는 모든 사건사고를 책임지고 취재하는 역할로, 수습 딱지만 떼면 우리도 바로 철야 당직에 투입되어야 하기 때문에 돌아가며 교육을 받는 중이었다. 나는 동이 틀 때까지 긴장을 놓지 못하다가 날이 밝아오자 그만 깜빡 잠들고 말았다. 그렇게 퇴근할 타이밍을 놓친 채 꾸벅꾸벅 졸고 있는데 "전화 돌려, 얼른!" 누군가 고함을 쳤다. 화들짝 놀라 깨니 선배들 모두 전화기를 붙들고 있었다. 선배들의 시선은 한곳에 고정돼 있었다. 보도국 벽에 걸린 TV에서 바다 한가운데 커다란 배가 쓰러져 있었다. 그때 한 선배가 전화기를 붙들고 있지 않은 손으로 종이 한 장을 건넸다. 전화번호 몇 개가 적혀 있었다. 서둘러 그 번호들로 전화를 걸었다. 하지만 아무도 받지 않았다. 속이 울렁거렸다.

 얼마나 전화통을 붙잡고 있었을까. 속보가 떴다.

해군, "탑승객 전원 선박 이탈······ 구명장비 투척 구조중"

곧이어 단원고에서 한 관계자가 전원 구조됐다는 발표를 하고 있다는 소식도 전해졌다. 그제야 긴장이 툭 풀렸다. "정말 다행입니다" "정말 다행이야" 선배들과 다행이란 말을 몇 번이나 반복한 뒤 누군가 "근데 너 왜 안 들어갔냐?" 물었고, 그제야 나는 졸린 눈을 비비며 보도국을 나섰다. 그뒤는 우리 모두가 아는 이야기다. 전원 구조는 없었다.

4월인데도 팽목항의 바람은 찼다. 보기만 해도 몸이 아리는 것 같은 시퍼런 바다 위로 희미하게 부표가 보였다. 저곳에 아이들이, 이곳에 그 부모들이 나뉘어 있다는 사실이 기가 막혔다. 나는 바다를 바라보며, 저곳의 아이들과 동갑내기인 내 막둥이 동생을 떠올렸다. 그것만으로도 가슴이 천 갈래 만 갈래 찢겨져나가는 것 같았다. 하지만 팽목항은 고요했다. 울 때가 아니라고, 정신을 바짝 차려야 할 때라고 생각한 걸까. 울면, 다신 아이를 품에 안아볼 수 없다는 걸 인정하는 꼴이 된다고 생각한 걸까. 그곳에 있는 부모, 그 누구도 울부짖지 않았다. 대신 한 어머니가 가만히 딸의 이름을 불렀다. "○○아!" 그러자 그 옆에 있던 어머니가 또 아들의 이름을 불렀다. "○○아!" 그렇게 아이들의 이름은 곧 메아리가 됐고, 팽목항은 금세 이름들로 가득찼다. 통곡은 없었다.

상황을 수첩에 적고 있자니 금세 눈물이 차올랐다. 하지만 나는 울음을 꾹 참았다. 우는 내 모습이 '저도 지금 슬퍼요. 저는 착한 기자예요. 그러니 용서하시고 취재에 응해주세요'로 비춰질까봐 두려웠다. 오해받기 싫어서라기보다는, 정말로 용서받을 것만 같아서. 전원 구조 오보는 내가 그 소식을 듣고 '정말 다행이다'라고 생각했던 딱 그만큼 무거운 죄책감이 돼 돌아왔다.

팽목항에서 나는 울지 않는 법을 터득했다. 바다에서 건져올린 생때같은 자식의 시신을 보고 울부짖는 부모의 소리를 듣고도, 차디찬 체육관 바닥 위에 은박 돗자리를 깔고 누워 하루가 다르게 삐쩍 말라가는 부모의 모습을 보고도, 자신은 도저히 음식을 입에 넣을 수 없어 링거를 맞고 있으면서도 앳된 얼굴의 수습기자에게는 "밥이라도 잘 챙겨 먹어야지. 이 도시락, TGI에서 나온 건데 맛있대. 먹어봐"라며 도시락을 건네주는 어머니의 얼굴을 마주하고도, 나는 울지 않았다. 나에게 먹을 것을 챙겨주고, "갑자기 내려오느라 짐도 제대로 못 챙겨왔지" 하면서 구호물품으로 나온 티셔츠를 나눠주는 분들 앞에서, 나를 기자가 아닌 누군가의 딸로 바라보는 그분들 앞에서, 나 역시 그저 한 사람의 자식으로서 자식을 잃은 부모를 꼭 껴안고 함께 목놓아 울고 싶었지만 그러지 않았다. 눈물이 터져나올 것 같을 땐 숨을 꾹 참으면 됐다.

그곳에서 나는 무던히 많은 숨을 참아야 했다.
"첫날 수습된 아이들 있었잖아요. 부모들 울음소리를 듣는데, 미안한 얘기지만 우리 애가 아니라 다행이라고 생각했어요. 그런데 그 부모들이 운이 좋은 거였어요. 효자예요, 효자. 우리 애는 나올 생각도 안 하는데."
'효자'라는 평범한 단어가 팽목항에서는 다르게 쓰일 때도.
"우리 딸 같아서 시신 안치소 다녀왔는데 아니더라고요. 근데 내가 보고 온 아이가 많이…… 그러니까, 많이 상했어요. 우리 애는 더 늦게 나올 테니 더 그러겠죠?"
나는 감히 가늠할 수조차 없는 두려움을 슬쩍 들여다본 것 같은 날에도.
"신발이 제일 정확해요. 옷은 바꿔 입을 수도 있고 비슷한 옷도 많은데, 신발은 딱 한 켤레 신고 간 거니까. 근데 우리 애 운동화는 메이커가 아니라…… 인상착의를 250밀리미터, 나이키, 흰색 이런 식으로 불러주잖아요. 우리 애는 뭐라고 불러줄지 모르겠네. 우리 애도 나이키 운동화 갖고 싶어했거든요. 그때 사줄걸…… 그게 너무 후회돼요."
꼭 내 것만 같은 후회를 들었을 때에도.

"난 이제 올라가. 참 늦게도 나왔네. 그런데 우리 딸 말이야. 많이 안 좋더라고. 뭔가 큰 가구 같은 거에 눌려서 압사당한 것 같았어. 어떡하긴 뭘 어떡해. 잘됐다고 하는 말이야. 나는 보고 안도했어. 늘 그게 무서웠거든. 바닷물이 들어온다고 바로 하늘나라로 가는 게 아니잖아. 어떻게든 끝까지 살아보려고 숨을 쉬어보려고 발버둥치다 갔을 거 아냐. 그때 애가 얼마나 무서웠겠어. 얼마나 부모를 찾았겠느냐고. 그 생각만 하면 정말 미칠 것 같았거든? 근데 한 번에 떠났다니, 오히려 다행이지."

팽목항에선 '다행'이란 단어도 다르게 쓰인다는 것을 알게 되었을 때에도 나는 숨을 꾹 참아야 했다. 그곳에서 눈물은 나의 것이 아니었다. 나의 것이어서는 안 되었다.

모든 것이 멈춘 것만 같은 팽목항에서도 시간은 흘렀다. 한 번도 울지 않은 나와 이제는 울지 않는 부모들이, 한바탕 울고 나간 부모들과 다시 마주했다. 자식의 시신과 함께 안산으로 돌아갔던 부모들이 남아 있는 부모들 걱정을 하며 팽목항으로 다시 돌아온 것이다. 그들은 "이러다 몸 다 상해! 식당 가서 밥 다운 밥 한끼라도 먹자" 하며 남은 부모들의 팔을 잡아당겼다. 하지만 남아 있던 부모들은 "아이, 그러다 우리 애 나오면 어쩌려고" 고개를 내저었다. 그 모습에, 다시 돌아온 부모들은 "방송 다 해주잖아!" 성화를 부렸고, 나도 질세라 "올라오면 바로 전화드릴게요!"라며 등을 떠밀었다. 그제야 남아 있던 부모들은 엉덩이를 뗐다.

그중에는 조카를 딸처럼 키워온 삼촌도 있었다. 삼촌은 질질 끌려가면서도 뒤를 돌아보며 외쳤다. "알죠? 우리 애는 이름 딴 목걸이 하고 있는 거!" 목걸이 해주길 잘했다, 우리 애는 올라만 오면 바로 알아볼 수 있다는 말을 족히 수십 번은 들었던 나는 "알죠, 알죠!" 하며 걱정 말고 다녀오라 손을 흔들어줬다.

그런데 그날은 정말 희한한 날이었다. 삼촌이 체육관을 나선 지 한 시간 만에, 한 달 가까이 소식이 없던 아이가 올라온 것이다. 삼촌은 핏기 가신 창백한 얼굴로 헐레벌떡 달려왔다. 체육관에는 시신 안치소까지 삼촌을 태워다줄 봉고차가 대기하고 있었다. "여기요! 삼촌 어서 타세요." 삼촌을 봉고차에 태우고 문을 닫으려는데, 팽목항을 지켜온 경찰 한 명이 조용히 부탁을 해왔다. "같이 좀 가주세요. 혼자 보낼 순 없잖아요." 나는 냅다 손을 내저었다. "안 되죠. 거길 기자가 어떻게 가요." 시신 안치소는 언론 출입 금지 구역이었다. 하지만 그는 물러서지 않았다. "기자가 아니라, 보호자로 가달라는 거잖아요."

못 간다고 했던 건 내가 특별히 규칙을 잘 지키는 기자여서가 아니었다. 무서워서였다. 나는 아직 이렇게 크고 깊은 죽음을 마주할 준비가 돼 있지 않았다. "저기, 무슨 일 있으면 내가 다 책임질 테니, 가줘요. 응?" 나는 그가 경찰차에서 쪽잠을 자 가며 유족을 챙기고 있다는 걸 잘 알고 있었다. 그런 그의 부탁을 차마 뿌리칠 수는 없었다. 결국 새하얗게 질린 얼굴로 봉고차에 올랐다.

시신 안치소로 가는 길, 차 안에는 무거운 침묵만이 흘렀다. 속도를 지키라는 내비게이션의 안내음만이 간간이 들려올 뿐이었다. 그 야속한 안내음에 따라 봉고차는 속도를 냈다 줄였다를 반복했다. 얼마나 달렸을까. 드디어 저멀리 흰 천막과 불빛이 보였다. 나는 고개를 돌려 삼촌을 바라봤다. 담담한 얼굴이었다.

봉고차에서 내려 시신 안치소까지 걸어가는 길은 자갈밭이었다. 안치소가 가까워질수록 달그락달그락 자갈 밟는 소리에 울음소리가 더해졌다. 그 흐느낌을 나침반 삼아 걷고 또 걸어 마침내 도착했을 때, 나는 울음소리의 근원을 찾아볼 수 있었다. 시신 안치소 흰 천막 아래의 흰 플라스틱 의자에 유족들이 앉아 있었다. 몇몇은 삼촌처럼 담담한 얼굴이었고 몇몇은 다 쉬어버린 목소리로 오열하고 있었다. 울지 않는 유족은 우리처럼 막 도착한 사람들, 우는 유족은 시신의 사진을 확인하고 온 사람들이라는 것을 나는 곧 알게 됐다.

먼저 사진부터 확인할 거라는 안내에 따라 이동한 천막 안에는 큰 모니터가 설치돼 있었다. "옷 사진부터 보여드릴 거예요. 우리 아이 옷이 맞다 하시면, 그때 시신의 사진도 보여드릴 겁니다." 곧 모니터에 사진 한 장이 떴고, 삼촌은 아이의 옷이 맞다고 고개를 끄덕였다. 그의 얼굴은 침착해 보였지만, 축 처진 손은 덜덜 떨리고 있었다.

"손 사진도 보여드릴게요. 얼굴도 보여드릴 수 있지만…… 생전의 모습과 많이 달라서 큰 상처로 남으실 수 있어요. 그래서 안 보시는 분들도 많으세요."

그 말에 삼촌은 보겠다고, 우리 아이인데 왜 못 보겠느냐고 힘줘 말했다. 다만 나는 뒤돌아서 있는 게 좋겠다고 권했다. 삼촌의 배려에, 나는 잠자코 뒤돌아섰다. 그런데 얼마 지나지 않아 울음소리가 들려왔다. 생전 처음 들어보는 소리였다. 누가 내는 소리인지, 왜 내는 소리인지 잘 아는 내 몸은 나무토막이라도 된 듯 딱딱하게 굳어갔다. 나는 움직이지 않는 몸을 가까스로 돌려 삼촌을 찾았다. 그는 자갈밭에 주저앉아 엉엉 울고 있었다. 완전히 무너져 있었다. 한참을 기다려도 삼촌은 울음을 멈추지 못했다. 몸도 일으키지 못했다. 얼마 뒤 어딘가에서 자원봉사자들이 와 삼촌을 부축해 원래 우리가 있던 흰 천막으로 데려가주었다. 그들은 삼촌을 플라스틱 의자에 다시 앉혀주기도 했다. 하지만 내 눈엔 삼촌이 앉아 있는 것처럼 보이지 않았다. 흐물흐물한 몸을 억지로 의자 안에 구겨넣은 것처럼 보였다. 삼촌은 어느새 우는 것밖에 못 하는 연체동물이 되어 있었다.

그때 갑자기 밖에서 우당탕하는 큰 소리가 들렸다. 나가보니 한 아버지가 플라스틱 의자를 집어던지며 울부짖고 있었다. 우리가 처음 천막에 들어왔을 때 울고 있던 부모 중 한 명이었다. 나는 직감적으로 그가 막 시신을 확인하고 왔다는 것을 알아차렸다.

"우리 애를…… 우리 애를…… 내가 정말 가만 안 둬…… 가만 안 둔다고……"

이제 그는 자갈밭에 주저앉아 삼촌처럼 울고 있다. 누구를 가만두지 않겠다는 걸까. 그의 분노에는 방향이 없었다. 과적을 한 사람, 혼자만 빠져나온 선장, 제대로 구조해내지 못한 해경, 전원 구조 오보를 낸 언론, 믿을 수 없는 정부, 그리고 대통령. 그의 분노는 찾아가야 할 곳이 많아 방향을 잃은 것일지도 모른다. 거기까지 생각이 닿자 나는, 이제 그만 울고 싶어졌다. 하지만 눈물이 나지 않았다. 나는 그저 고개만 떨군 채 자갈밭을 한참 바라보다 다시 천막으로 돌아갔다. 어느새 삼촌의 눈물은 멎어 있었다.

 드디어 우리 차례가 왔다. 아이가 있는 천막에 들어가자 알코올 냄새가 코를 찔렀다. 아이는 흰 천을 덮고 있었다. 삼촌은 무릎을 꿇고 누워 있는 아이와 눈높이를 맞추었다. 이곳에서도 상처가 될 수 있으니 얼굴은 확인하지 않으셔도 된다고 했지만, 이번에도 삼촌은 아이를 보고 싶다고 했다. 흰 천이 걷혔다. 삼촌은 울었으나 그전만큼은 아니었다. 조금이라도 온전한 모습으로 장례를 치르려면 최대한 빨리 절차를 밟는 게 중요하다는 안내 때문이었는지도 모른다. 삼촌은 아이 곁에서 미안하다, 사랑한다, 미안하다, 미안하다, 미안하다…… 마지막 인사를 건넸다. 그러고는 천막 밖으로 스르륵 빠져나갔다.

 삼촌이 비틀거리며 찾아간 곳은 장례 절차를 밟는 곳이었다. 그곳에서 그는 안내에 따라 몇 장의 서류에 사인을 했다. 이제 곧 아이를 데리고 올라갈 수 있을 것이다. 일을 다 끝마친 그는 천천히 천막 너머의 어둠 속으로 걸어들어갔다. 천막의 불빛이 한 점도 드리우지 않는 곳까지, 울음소리가 전혀 들리지 않는 곳까지 걸어들어갔다. 그러곤 털썩 주저앉았다. 그곳에서 그는 한참을, 한참을 울었다. 이제 그만 나도 그 옆에 주저앉아 같이 울고 싶었다. 그러나 여전히 눈물이 나오지 않는다. 울지 못

하는 나는, 울고 싶은 얼굴을 하고, 삼촌의 어깨를 가만히 두드려주었다.

삼촌의 눈물이 잦아들 때쯤 작은삼촌이 뛰어왔다. 작은삼촌은 벌게진 눈으로, 울고 있는 형과 울지 않는 나를 번갈아 쳐다봤다. 그러고는 우리 둘 모두를 차에 태웠다. 작은삼촌은 먼저 내가 선배들과 함께 묵고 있는 작은 여관부터 들렀다. 그는 나를 내려주며 연신 고맙다고, 정말 고맙다고 인사했다. 나는 그에게 어서 돌아가 쉬라고, 빨리 아이 데리고 돌아가라고 차 문을 꼭 닫아주고는, 내 작은 여관방을 향해 뛰었다. 여관의 오래된 복도는 내가 발을 디딜 때마다 삐거덕 소리가 났다. 하지만 나는 아랑곳하지 않고 계속 달렸다. 그리고 벌컥 방문을 열고는 신발을 벗는 둥 마는 둥 하고 그대로 베개에 얼굴을 파묻었다. 울고 싶었다. 하지만 눈물은 나오지 않았다. 엉엉 우는 소리까지 부러 내봤지만, 나오지 않았다. 너무나 무기력했다.

며칠 뒤 팀장이 복귀 지시를 내렸다. 나는 더 남고 싶다고 했지만, 그는 단호했다. 이제 그만 서울로 올라가 가족도 보고, 엄마 밥도 먹고, 내 침대에서 한숨 푹 자라고 했다. 한 달 동안 몸무게가 6킬로그램이나 빠졌다.

고작 한 달 만인데, 서울이 낯설었다. 우리집 현관문조차 낯

설어 어색한 손놀림으로 도어락 비밀번호를 누르고 문을 열었다. 아무렇게나 벗어둔 동생의 운동화가 제일 먼저 눈에 들어왔다. 여태껏 한 번도 눈여겨보지 않던 동생의 운동화. 나는 그것을 허겁지겁 집어들었다.

280밀리미터, 아디다스, 검은색.

동생의 운동화는 따뜻했다. 갑자기 눈물이, 비로소 왈칵 쏟아졌다.

○

팽목항에서 돌아오니 정식 기자가 돼 있었다. 끝날 것 같지 않던 6개월의 수습 기간이 마침내 끝난 것이다. 회사는 이제 수습을 뗐으니 희망 부서를 적어내라고 했다. 나는 1지망 사회부, 2지망 사회부, 3지망 사회부로 적어냈다. 나는 죽음을 좇고 싶었다. 정치인의 말을 좇는 것보다, 주가와 그래프, 숫자를 좇는 것보다, 죽음을 취재하는 쪽이 더 가치 있다고 생각했다.

그로부터 참 많은 죽음을 좇았다. 수없이 많은 사람이 누군가의 실수로, 부주의로, 악의로 목숨을 잃었다. 차에 치여 죽고, 물에 빠져 죽고, 불에 타서 죽고, 맞아서 죽고, 찔려서 죽고, 기계에 끼어서 죽고, 떨어져서 죽고, 사람에 깔려서 죽고, 전염병에 걸려 죽었다. 스스로 목숨을 끊은 사람도 있고 누군가의 목숨을 구하다 의롭게 죽은 사람도 있었다.

어떤 죽음들은 닮았으면서도 달랐다. 세상에 온 지 얼마 안 돼 세상을 떠났다는 점에선 닮았지만, 어떤 아기는 자신을 목숨보다 더 아껴준 어머니를 두었던 반면, 어떤 아기는 어머니인 줄 알았던 여자로부터 끔찍한 학대를 당했다. 너무나 비슷한 죽음들도 많았다. 그는 30대, 그녀는 60대, 그 아이는 10대, 그 남자는 50대, 그 여자는 20대였지만 하나같이 밥벌이를 하다 끼이고, 깔리고, 추락해 죽었다. 이런 죽음은 도돌이표처럼 되풀이됐다.

내가 마주했던 수많은 죽음은 휘발되지 않고, 내 몸 어딘가에 남아 있는 듯하다. 된장찌개를 끓일 때면 "엄마, 두부는 처음부터 넣어줘. 그래야 간이 잘 배니까" 했다던, 큰 배에 타고 있던 누군가의 아들이 떠오른다. 봄의 거리에서 〈벚꽃 엔딩〉 노래가 들려오면 그 노래를 들으며 "죽기 싫다"고 흐느끼면서도 결국 스스로 목숨을 끊어야 했던 대한민국의 자랑스러운 여군이자 누군가의 소중한 딸이 떠오른다.

나는 아무도 죽지 않았으면 좋겠다고 생각한다. 그러나 죽음은 반복되리란 걸 안다. 나에게는 죽음을 막을 힘이, 방법이 없다. 누가 죽었다, 이래서 죽었다, 또 죽었다, 이번에도 막지 못했다…… 비슷한 기사들을 나는 써왔고, 앞으로도 쓰게 될 것이다. 내 일에 완전한 끝은 없을 것이다. 그 사실을 떠올리면 나는 좀 무력해지고, 두려워진다. 하지만 그래도, 지치지 않으려 한다. 죽음을 막기 위해 내가 할 수 있는 일은 오직 이것뿐이므로. 죽음을 제대로 마주하고 제대로 알리는 데 최선을 다하려 한다. 비관은, 포기는 아무것도 바꾸지 못함을 가르쳐준 사람들이 있기 때문이다. 세상에는 들려오는 죽음 소식이 너무 아파 끝내 외면하는 사람도 있지만, 죽음을 아파하다 결국 자신이 할 수 있는 일을 찾아낸 사람도 많다. 세상을 조금이라도 나아가게 하는 건 언제나 그들이었다.

◐

이제 나는 현장을 떠나 스튜디오에 있다. 오늘은 일요일인데도 스튜디오에 앉았다. 2024년의 마지막 일요일 아침, 끔찍한 참사가 일어났기 때문이다. 181명을 태우고 태국 방콕에서 전남 무안으로 오던 제주항공 여객기가 비상착륙을 하다 폭발했다. 승객 대부분은 연말을 맞아 모처럼 가족, 친구들과 태국 여행을 다녀오는 길이었다. 나는 10여 년 전 그 공장 앞에서 그랬던 것처럼 기적을 간절히 기도했지만, 동시에 기적은 없으리라는 것 또한 알고 있었다. 어느덧 저녁 뉴스가 시작할 시간이 됐지만, 여전히 생존자는 단 두 명뿐. 실종자가 줄어든 만큼 사망자는 늘어났고, 사망자 대다수의 신원은 확인되지 않고 있었다. 시신이 크게 훼손된 탓이었다. 나는 스튜디오에 가만히 앉아 있으면서도 감히 유족의 마음을 헤아렸다. 기적을 바라며 달려왔지만 참혹한 현장을 보고는 좌절했을 마음. 사망자 신원확인이 어렵단 소식에 그저 시신이라도 수습할 수 있기를 바라며 다시금 무너졌을 마음. 부디 시신이 온전하기를, 그래서 마지막으로 손 한 번이라도 잡아볼 수 있기를 간절히 빌었을 마음.

"감정 잘 추스르자."

그때 인이어로 선배의 다정한 목소리가 들려왔다. 조금만 방심하면 목이 멜 것만 같았다.

얼마 뒤 한 유족이 부모님의 유류품이 담긴 상자를 전달받았는데, 거기에 말린 망고가 가득했다는 소식이 전해졌다. 자식들에게 나눠주려고 신나게 말린 망고를 사는 모습, 그 망고를 트렁크에 꾹꾹 눌러담으며 좀더 살걸 그랬나 후회하는 모습, 이제 곧 도착이란 기내 방송에 기뻐할 자식들의 얼굴을 떠올리며 뿌듯해하고 설레어했을 그 모든 모습이 별안간 그려졌다.

그 옛날 공장 앞에서 눈물을 뚝뚝 흘리던 나는 지금의 내 연차쯤 되면 경험이 쌓인 만큼 감정도 더 잘 추스를 수 있을 거라고 생각했다. 전혀 그렇지 않다. 오히려 더 어렵다. 마주한 죽음이 많아질수록 속속들이 알게 된 것들도 쌓인 탓이다. 오늘은 정말 카메라 너머로 그 현장이 훤히 보이는 것만 같다. 나는 팽목항에서 그랬던 것처럼 숨을 꾹 참는다. 그러면 내 앵커 멘트는 묘하게 엇박자가 난다.

TAKE 13   NEWS

'나나 내나' 정신

📷   방송국 스튜디오에는 세상의 기준으로 '높은' 사람이 많이 온다. 나는 그들과 마주앉아 그들이 말하고 싶은 것도 묻지만, 말하기 꺼리는 것도 묻는다. 방송이 나가고 나면, 우리 가족은 매번 신기해하며 이런 질문을 한다. "그렇게 높은 사람 인터뷰하면 안 떨려?" 그러면 나는 대체 몇 번을 말하느냐는 투로 어깨를 으쓱하며 답한다. "다 비슷해. '나나 내나'라니까."

그렇다. 인생은 '나나 내나'다. 나는 아직 인생을 논하기에는 어리지만, 이것만큼은 확신을 갖고 말할 수 있다. 세상이 높다고 하는 사람, 낮다고 하는 사람 모두를 가리지 않고 만나 묻고 듣는 것을 '일'로 해오며 얻은 확신이다.

물론 나도 처음부터 '니나 내나'라고 생각한 건 아니었다. 한동안은 세상 사람들을 잘난 순대로 쭉 줄 세운 긴 줄을 보았다. 언제부터였더라. 포켓몬빵 속 띠부띠부씰을 모으던 시절을 지나 수학의 정석을 풀 때쯤이었던가. 가늘게 실눈을 떠야지만 간신히 보이던 희미한 그 줄에서, 나는 나름 중간보다는 좀더 앞에 서 있었다. 하지만 내가 자랄수록 줄은 점점 더 선명해졌고, 어째 선명해지면 질수록 내 자리 역시 성큼성큼 뒤로 밀려났다. 어느새 나는 중간보다 한참 뒤에 서 있었다. 평균 이하. 성에 차지 않는 내 위치를 바라보며 나는 모욕감마저 느꼈다. 원래 여기가 내 위치인데 여태껏 나만 몰랐구나 싶은 생각, 착각에 빠진 나를 바라보며 남들이 비웃고 안쓰러워했을 거란 생각에서 오는 모욕감이었다.

한바탕 모욕감이 휩쓸고 지나간 뒤 나는 그 줄을 보지 못하는 척했다. 귀신을 볼 수 있지만 그 사실을 귀신에게 들키면 평생 괴롭힘을 당하니 안 보이는 것처럼 연기한다는 그 시절 TV에서 본 어떤 아저씨처럼 굴었다. 그 줄도 내가 자기를 볼 수 있다는 걸 알면 날 더 괴롭힐 것 같았기 때문이다.

필사적으로 안 보이는 척했던 그 줄이 처음으로 살짝 흐려진 건 숱한 불합격 끝에 드디어 모두가 아는 언론사에 입사하면서였다. 첫 출근날, 나는 온갖 면접에 입고 갔던 검은색 투피스를 입고, 손에는 정체불명의 서류가방을 들고는 충무로역에서 내렸다. 차창에 비친 내 얼굴에는 '저 오늘 첫 출근 해요'라고 쓰여 있었다. 나는 좀 쑥스러워져 괜히 옷매무새를 매만지며 충무로역의 유난히도 긴 에스컬레이터에 올랐는데, 바로 옆에 딱 나 같은 차림을 한 남자애가 보였다. 잘 깎은 밤톨 같은 뒤통수. 에스컬레이터에서 내려 4번 출구까지 걸어갔을 때쯤 나의 존재를 알아차린 그애가 "저⋯⋯ 혹시 OT 오셨어요? 저도예요!" 넉살 좋게 웃으며 인사를 건넸을 때, 나는 그에게 웃어주지 않았다. 그늘이라고는 찾아볼 수 없는 얼굴에 어쩐지 심통이 난 것이다. 하지만 OT가 열리는 사무실에 들어섰을 때, 나의 심통은 그만 힘을 잃어버리고 말았다. 아니 어디서 이렇게 잘난 애들을 모아온 거야, 싶은 아이들이 죄다 거기 모여 있었다.

남자애들은 하나같이 허우대가 좋고 인물이 훤칠했다. 한 명뿐인 여자 동기는 무슨 아이돌처럼 예뻤는데 몇 마디만 나눠봐도 아주 똑소리나는 사람이라는 걸 알 수 있었다. 그날 하루종일 어느 동네 살아, 학교는 어디야, 엇 그럼 이 선배 알아, 우리 부모님도 그 대학 그 과를 나왔는데 등등, 어떻게든 접점을 찾으려는 대화가 이어졌다. 나는 대화에 끼지 못하고 가만히 듣고만 있으면서, 나와는 매우 다르게 살아온 친구들 같다는 생각을 했었다. 뭐 그렇다고 위축되거나 자격지심을 가진 건 아니었다. 어차피 얘네나 나나 똑같은 회사에 다니게 됐으니, 니나 내 나라고 생각한 것이다.

내 생각은 맞았다. 그 잘나 보이던 친구들도 "야! 그러니까 택시기사가 맞은 곳이 오른쪽 왼쪽 어느 뺨이냐고!" 선배의 고함에 어버버했고, "넌 기자 안 맞아. 때려쳐라" 같은 말에 닭똥 같은 눈물을 뚝뚝 흘렸다. 한 친구는 정말로 그 말을 믿고 진지하게 일을 그만두려고도 했다. "이 일을 오래해온 선배 눈에 내가 아니면…… 정말 아닌 것 아닐까?" 고개를 푹 숙이고 이런 말을 늘어놓는 친구에게 "야, 몇 년만 지나봐라. 네가 저 선배보다 훨씬 더 잘할 거야"라고 위로했는데, 친구는 믿지 않았다. 누가 봐도 그랬는데…… 역시 좋은 대학 나왔다고 모든 면에서 똑똑한 건 아니란 생각이 들었다. 실제 10여 년이 지난 지금, 내 친구는 어엿한 기자로 성장해 맹활약하는 반면, 그 선배는…… 여기까지만 말하겠다.

물론 처음부터 다른 사람들에게까지 니나 내나지 했던 건 아니었다. 그러니까 사법고시 같은 매우 어렵다는 국가고시를 통과한 사람이라든가, 돈이 정말 많은 재벌, 날아가는 새도 떨어뜨린다는 권세를 가진 정치인은 나보다 훨씬 잘났다고 생각했다. 나는 여기, 그들은 저만치 앞에. 서 있는 위치가 달라도 한참 다르다고 여긴 것이다. 하지만 기자 생활을 하며 저 앞에 서 있다고 생각한 그들을 하나하나 만나게 된다.

◎

흔히 기자는 한 빌딩 안에 있는 모든 사람, 그러니까 1층 경비원부터 맨 꼭대기층 회장님까지 죄다 만나는 사람이라고 한다. 나는 '사람 위에 사람 없고 사람 아래 사람 없다'는 말을 지지해왔지만, 그렇다고 해서 그게 진짜라고 믿은 건 아니었다. 경비원의 삶과 회장님의 삶이 어떻게 같을 수 있겠나…… 생각한 것이다. 그런데 만나보니 꼭 그런 것도 아니었다. 물론 재산의 차이는 있었지만, 우리가 더 많은 돈을 원하는 건 편안하고 행복한 삶을 위해서 아닌가. 그런데 회장님이라고 더 행복하고 경비원이라고 덜 행복하지 않았다.

돈이 많으면 많은 대로 불안하고 괴로웠다. 돈 때문에 자식들이 죽자사자 싸우는 꼴을 봐야 하고, 돈을 잃을까 불안해했으며, 그 많은 돈을 지키려 이런저런 불법을 저지르다 덜미가 잡히기도 했다. 그러면 구속을 피하려고, 조금이라도 죗값을 덜어보려고 또 많은 돈을 써야 했다. 언제 조사를 받으러 가야 구속을 피할 수 있는지 무속인에게 돈을 갖다 바치며 날짜를 받아오고, 무속인이 "여름까지 기다려. 그래야 네가 감옥에 안 가!" 하면 이 핑계 저 핑계 대며 조사를 차일피일 미루다 "자꾸 이러면 강제로 끌고 옵니다!" 윽박지르는 검찰을 달래려 돈을 써서 호화 변호인단을 꾸리고, 이렇게 많은 돈을 썼는데도 결국은 구속되고 그런 식이었다.

나는 그런 회장님들을 보며, 참 저들도 삶이 피곤하긴 매한가지구나, 생각했다. 그래도 회장님의 사회적 지위가 훨씬 높고, 그만큼 힘도 더 세지 않느냐고 물을 수도 있겠다. 글쎄…… 나는 꼭 그렇다고 생각하지 않는다. 회장님을 무너뜨리는 것은 언제나 그가 아랫사람이라고 무시한 사람들이었기 때문이다. 취재원 보호 때문에 자세히 말할 수는 없지만, 회장님의 비위는 늘 그가 부린 사람들에 의해 세상에 드러나곤 했다. 이미 알려진 사건만 봐도, 회장님의 폭언과 폭행을 참다못해 빵 하고 터뜨린 운전기사 때문에 법정에 서거나, 가정부에게 귀신 들린 것처럼 소리지르다 온 국민에게 손가락질 받고 조사까지 받는 회장님들이 좀 많았나.

회장님들은 그렇다 쳐도, 그 어렵다는 국가고시를 턱 하니 합격한 사람들은 달라도 한참 다를 거라고 생각했다. 얼마나 똑똑하고 아는 게 많을까, 옛날 어른들 말처럼 머리가 좋으니 몸이 고생하는 일도 없겠다 생각한 것이다. 어릴 적 "우리 딸이 사법고시만 합격하면 참 좋을 텐데"와 "사시는 아무나 합격하느냐"는 말을 귀에 못이 박일 정도로 들어온 나로서는 막연한 환상도 있었다. 하지만 이런 환상은 법조 기자를 하며 와장창 깨져버렸다. 수년간 법조계를 취재하며 사법고시 끝판왕으로 불리는 검찰총장, 대법원장, 헌법재판소장까지 모두 만나볼 수 있었는데, 그 끝에 내가 내린 결론은 역시 '니나 내나'였다.

물론 머리가 정말 좋다고 생각되는 사람은 많았다. 남들은 몇 시간 걸려 할 일을 몇십 분 만에 해치우며 하루를 48시간처럼 쓰는 사람을 봤을 때는 나도 다음엔 꼭 저렇게 태어나고 싶다는 생각마저 했다. 하지만 머리가 좋다고 해서 인생이 더 쉬워지는 것은 결코 아니었다. 내가 천재라고 선망하던 사람조차도 자신의 일에 대해선 현명하지 못한 선택을 했고 후회했다. 그 좋은 머리 때문에 사건에 휘말리거나, 좋은 머리로 옳지 못한 선택을 하는 사람도 많았다. 그 탓에 자신이 몸담았던 검찰이나 법원에 불려가고, 실제 형을 사는 사람도 꽤 있었다.

이렇게 '니나 내나'를 남발하게 된 내가 마지막까지도 차마 그럴 수 없던 사람들이 있었으니, 그것은 바로 유력 대권주자 같은 권세 있는 정치인이었다. 사내 정치조차 못 하고 학교 다닐 때 반장 한 번 못 해본 나로서는, 수많은 국민의 선택을 받고 선출된 권력을 쥔 그들은 좀 달라 보였다. 그런데 기자로, 앵커로 오래 지내다보니 대선 후보들을 직접 인터뷰할 일이 생기고, 내가 알던 사람이 대통령에 당선되기도 했다. 그러면서 내가 한 생각은 역시 '나나 내나'라는 것이었다. 권력을 쥔 순간은 언제나 짧았고, 아무리 높은 자리까지 올라가도 자기 마음대로 할 수 있는 일은 그리 많지 않았다. 힘을 갖고 있을 때는 힘을 잃을까봐, 힘이 없을 때는 힘을 얻으려고 전전긍긍해야 했다. 권력을 쥐려다 권력에 되레 잡아먹히는 사람도 많았다. 내가 기자 생활을 하는 동안에만 벌써 세 명의 대통령이 감옥에 갔다. 그들을 끝으로 나는 그 줄을 완전히 지워버릴 수 있게 됐다.

줄이 사라진 세계는 네온사인이 번쩍이는 뒷골목 같으면서도, 아름다운 햇살이 반짝이고 경쾌한 새소리가 들려오는 깊은 산속 같았다. '뭐 인마? 나나 내나인데 한번 해볼텨?' 이런 두둑한 배짱을 갖게 하면서도, '우리 모두 이 아름다운 자연에서 태어나 결국 그 자연으로 돌아가리라' 하는 다소 현자 같은 마음을 갖게 된다. 대한민국 의전서열 1위부터 쭈욱 만나고 나니, 이 세상 우리 모두는 비슷한 존재들이라는 것을 알겠다. 나보다 월등히 잘난 인간도, 못난 인간도 없다. 그러니 나는 모두에게 친절하되, 누구에게도 움츠러들지 않으려 한다.

TAKE 14   NEWS

포레스트 검프처럼 살고 싶다

📷   나도 포레스트 검프처럼 살고 싶다.

내가 유치원에 다닐 때 개봉했던 영화 〈포레스트 검프〉(1994)를 스물 무렵에야 보게 됐을 때, 나는 이런 생각에 사로잡혔다. 그 생각은 꽤나 강렬한 것이어서, 한동안은 만나는 모든 사람에게 "〈포레스트 검프〉 봤어? 나도 검프처럼 살고 싶어" 하고 떠들어대곤 했다. 그럴 때마다 사람들은 검프가 죽을힘을 다해 뛰는 장면을 떠올렸다.

"아, 무슨 말인지 알겠어. 뭐가 걸릴지 아무도 모르는 초콜릿 상자 같은 인생에서 검프처럼 내 손에 쥐어진 초콜릿이 무엇이

든 최선을 다해 즐기겠다는 거구나!"

물론 그러고도 싶었지만, 내가 살고 싶다고 한 검프의 삶은 다른 장면에 있었다. 이를테면 캄캄한 밤 워터게이트 호텔에서 손전등을 켜고 몰래 도청장치를 설치하는 사람들을 목격하고는 '잠을 잘 수 없다'고 신고하는 장면. 그러니까 나는 검프가 워터게이트부터 베트남전쟁까지 역사의 한 장면에 서 있었다는 것을 부러워한 것이다. 그런 나였으니 마침내 기자가 된 이후, 큰 사건사고만 터지면 "저도 취재하고 싶습니다!" 하고 욕심을 낸 건 당연한 일이었다. 막내가 할 수 있는 취재라는 것이 소위 '몸빵'밖에 없어 고생도 그런 고생이 없었지만, 나에게는 모든 순간이 뜻깊었다. 나중에는 굳이 손을 들지 않아도 큰일이 벌어지면 자연스레 투입되곤 했는데, 대한민국이 원체 다이내믹한 나라인 건지, 아니면 그 시절이 그랬는지 역사의 한 장면에 서 있고 싶다는 내 바람은 꽤 자주 이뤄졌다.

◎

결코 이런 것을 바란 건 아니었는데, 앞서 쓴 대로 정식 기자가 되기도 전부터 우리 역사에 '최악의 참사'로 기록될 세월호 참사를 겪게 됐다. 당시 선배들은 몇 날 며칠을 팽목항에 머물며 밀착 취재하는 우리들을 보며 수습일 때 이런 참사를 취재한 건 앞으로의 기자 생활에 큰 자양분이 될 거라고 했다. 그때는 타인의 비극이 나의 자양분이 된다는 말이 너무나 끔찍하게 들렸는데, 그 말은 현실이 되었다. 그곳에서 나는, 우리 수습들은 참사가 무엇인지 속속들이 알게 되었다. 직접 목도하지 않았다면, 영원히 알 수 없었을 참사의 민낯을 본 것이다. 그해 4월을 팽목항에서 보낸 우리들은 비록 소속된 회사는 모두 다르지만, 지금도 4월이 오면 그날 그 바다를 기억하는 기자들이 되었다.

그뒤로는 우리 사회에 '갑질'이란 신조어를 뿌리내리게 한 '땅콩 회항' 사건이 일어났다. 지금 돌이켜봐도 참 황당한 사건이다. 견과류 서비스를 문제삼아 직원에게 폭언과 폭행을 휘두르고, 그러고도 성에 안 차 비행기에서 내리게 하겠다며 이미 출발한 비행기를 되돌리다니. 지금은 많이들 잊었겠지만, 당시 언론 보도로 사건이 알려지자 국민들은 크게 분노했다. '성난 민심이 들불처럼 일어났다'는 표현이 어쩌다 만들어졌는지 처음으로 알게 된 순간이었다.

분노한 국민들은 언론의 보도를 촉구했고, 기자들은 모두 그날 그 비행기에서 대체 무슨 일이 있던 건지 취재하려 혈안이 됐다. 아무래도 사건을 생생하게 목격했을 일등석 탑승객을 찾는 게 중요했는데, 어디 사는 누군지 알 길이 없으니, 나는 그저 그들이 검찰청에 참고인 조사를 받으러 오기만을 하염없이 기다리는, 일명 '뻗치기'에 들어가야 했다. 그런데 그 겨울이 어찌나 추웠던지 발가락엔 동상 비스무리한 것을 입고, 노로 바이러스까지 걸려 몰골이 말이 아니었다. "어! 조현아 전 부사장 뒤에 선배 아니에요?" 하지만 그 당시 나의 병든 병아리 같은 모습은 잊혀질 권리가 없는 듯하다. 갑질 보도의 자료화면으로 여태껏 쓰이는 것이다. 갑질의 역사란 왜 이리도 질긴 건지…… 이러다 내 나이 오십에도 퀭한 얼굴을 한 젊은 날의 나를 갑질 사건과 함께 TV에서 보게 될지 모르겠다.

내가 한동안 소환됐던 장면이 또 있는데, 바로 '성완종 게이트'였다. 박근혜 정부가 들어서고 검찰이 이명박 정부의 자원외교 비리를 수사하던 때였다. 검찰 수사를 받던 성완종 전 경남기업 회장이 영장 실질 심사를 앞두고 유서를 남긴 채 잠적했다. 그를 찾겠다고 경찰 1300여 명과 헬기까지 투입됐지만 끝내 북한산에서 목을 맨 채로 발견됐고, 그의 주머니에서 박근혜 정부 거물급 정치인들의 이름과 그들에게 줬다는 돈의 액수가 적힌 메모가 나왔다. 그에 더해 그가 자살하기 직전 경향신문 기자와 인터뷰한 육성 녹취까지 공개되며 나라가 그야말로 발칵 뒤집혔다. 나는 경찰팀 기자로서 성 전 회장을 찾는다고 수색견들과 함께 북한산을 뛰어다니다 법조팀으로 넘어가 그 재판까지 챙기게 됐다. 당시 법정에 서게 된 거물급 정치인 중 한 명이 홍준표 전 대구시장이었다.

그의 첫 재판 때 나는 홍 전 시장에게 성 전 회장으로부터 1억 원을 받은 혐의를 여전히 부인하는 입장인지 물었다. 사실 법정에 출두하는 피고인에게 혐의를 인정하느냐고 묻는 건 굉장히 뻔한 질문이다. 보통 상대방도 "인정하지 않습니다. 법정에서 성실히 소명하겠습니다" 정도의 답을 한다. 그런데 그의 반응은 뻔하지 않았다. "그건 아주 불쾌한 질문이에요. 그런 질문은 하지 마세요. 받은 일이 없고 성완종도 잘 몰라요" 하며 버럭 한 것이다. 이후 그의 재판 결과는 1심에서 유죄, 그것도 실형이었지만 최종 무죄로 뒤집혔다. 재판이 완전히 마무리되기까지 나에게 버럭하며 혐의를 부인하는 그 장면은 여러 차례 방송되고는 했다.

◉

지금 돌이켜보면, 나라를 뒤흔드는 '게이트'가 그때는 왜 그렇게 자주 터졌는지 모르겠다. 이른바 '정운호 게이트'도 그중 하나였다. 사건은 더페이스샵을 만들며 화장품업계 신화로 불린 정운호 네이처퍼블릭 대표가 해외 원정 도박으로 실형을 선고받고 수감되면서 시작됐다. 부장판사 출신의 전관 변호사에게 석방시켜달라며 50억 원을 건넨 것이다. 그런데 이 사건, 정말이지…… 시작은 미약하나 끝은 창대했다. 전관 변호사들은 물론, 현직 부장판사에게까지 뇌물을 준 게 드러났고, 롯데그룹 오너 일가측에도 입점 편의를 봐주는 대가로 돈을 건넨 정황이 포착되며 법조비리를 넘어 재벌 그룹 수사로도 뻗어나간 것이다.

당시 나는 막 법원 출입을 시작한 상태였는데, 타사 베테랑 선배들은 "10년에 한 번 터질까 말까 한 법조 게이트를 취재하게 된 건 기자로서 큰 행운"이라고 날 격려했다. 세상 모든 일이 그렇겠지만, 기자도 큰 사건, 어려운 사건을 취재하며 성장하기 마련이다. 나는 자사, 타사 가리지 않고 빼어난 선배들이 취재하는 모습을 어깨너머로 훔쳐보고 나름 경쟁도 해가며 실력을 키워나갔는데, 재밌는 것은 분명 '10년에 한 번 터질까 말까 하다'고 했던 그 법조 게이트가 불과 몇 년 뒤 또 터졌다는 것이다. 그것도 '게이트'를 넘어 '농단' 수준으로 말이다. '사법농단'으로 불렸던 그 사건으로, 전직이라고는 해도 사법부를 이끌던 대법원장이 법원에 의해 구속되는 사상 초유의 일이 일어났다.

그러고 보니 '사상 초유의 일'도 우리나라에서는 꽤 잦았다. 나는 우리 헌정사상 최초로 대통령이 탄핵되는 현장에도 있었다. 그전에도 법원 기자로서 굵직한 선고를 많이 챙겨왔지만, 이 날처럼 기자들 사이에서까지 긴장감이 감돈 적은 없었다. 회사를 대표해 들어간 것이니 재판장의 말을 정확히 받아 쳐야 했는데, 선고가 시작되자 어찌나 떨리던지 손이 떨려 타자를 제대로 칠 수가 없었다. 특히 세월호 참사가 언급될 때는 마음이 몇 번이나 팽목항과 헌법재판소를 오가는 탓에 놓치는 내용이 많았다. 그리고 마침내 "주문, 피청구인 대통령 박근혜를 파면한다"라는 문장을 받아 칠 때, 손끝에 닿던 키보드의 차가우면서도 뜨거웠던 그 감촉은 지금도 생생하다.

대통령이 탄핵되기 전에는 재계 1위 삼성의 총수가 사상 처음으로 구속되기도 했다. 당시 특검은 이재용 회장에 대한 구속영장이 한 차례 기각된 뒤 영장을 재청구했는데, 특검으로선 최후의 승부수를 띄운 것이었다. 삼성으로부터 뇌물을 받았다는 혐의가 박근혜 전 대통령의 핵심 혐의였던 만큼, 이 영장이 또 기각된다면 특검 수사는 동력을 잃고 탄핵 재판에도 영향을 미칠 게 자명했기 때문이다. 특검을 취재하던 나는 법원의 결정이 나올 때까지 밤을 꼴딱 새우며 기다렸는데, 날이 밝기 직전인 6시가 다 되어서야 법원에서 '발부' 도장을 찍었다. 이튿날, 이회장은 수갑을 차고 포승줄에 묶인 채 특검 사무실로 소환됐다. 그 장면을 바로 옆에서 바라보며 나는 큰 충격을 받았다. 삼성은 오랫동안 우리 사회의 성역이었고, 언론계라고 크게 다르지 않았기 때문이다. 정치권력은 유한하나 자본권력은 무한하다는 말이 이때 뿌리째 뽑혀나갔다고 생각했다.

◉

"그렇게 일하면 월급 더 줘?"

밤낮을, 휴일을 가리지 않고 일에 매달리는 나를 보며, 친구들은 물었다. 물론 돈을 더 주면 참 좋겠지만, 돈과는 무관했다. 이렇게 현장을 취재할 수 있다는 것이 회사가 나에게 주는 또 다른 월급처럼 느껴졌기 때문이다. 역사에 남을 한 장면에 내가 서 있다는 것, 그 속에서 무언가를 묻고 답을 찾고 일부를 기록하고 있다는 것이 나에게는 큰 의미였고, 재미였다.

"그게 큰 의미라고? 재미있다고? 왜?"

이 질문에 나는 제대로 답하지 못했다. 국민의 알 권리, 권력 감시, 정의 구현…… 이런 단어들이 입속을 맴돌다 꿀꺽 삼켜졌다. 음. 역시, 지금 생각해봐도 이런 단어들은 너무 거창하다. 차라리 '세상 탐구' 어떨까. 혹은 세상 여행. 나는 언제나 세상을 부유하는 여러 질문에 대한 나만의 확고한 답을 찾고 싶었다. 예를 들어 '국가란 무엇인가?' '참사에 대한 국가의 책임은 어디까지인가?' '민주주의란, 또 법치주의란 무엇인가?' 같은 질문에 대한 답. 남들이 내놓은 답 중 가장 그럴싸한 답을 내 것인 양 떠들 수는 있지만, 내가 찾은 대답은 아니어서 입 밖으로 내뱉을 때면 어쩐지 목소리에 확신이 사라지는 그런 답 말고, 진짜 내 답 말이다.

"그래서 무슨 답을 찾아냈는데?"

이 질문에 나는 한참 고민하다 '집회'를 떠올렸다. 내가 기자 초년생일 땐, 집회를 하면 광화문광장에 차벽이 세워졌다. 경찰 버스가 광장을 빙 둘러싸고 일종의 벽 역할을 하는 것이다. 경찰은 집회 참가자들에게 최루액, 캡사이신과 물대포를 쐈고, 시위대 역시 경찰 버스를 쇠파이프로 때리고, 밧줄을 동원해 끌어내리려 하며 양측이 크게 충돌하는 일이 잦았다. '집회 시위의 자유는 어디까지 보장되어야 하는가'가 화두였던 시절의 이야기이다.

나는 집회 취재를 할 때면 언제나 그 한복판으로 깊숙이 들어가곤 했는데, 그러다 그만 기사 속에서 '활자'로만 존재하던 최루액을 실제로 맞고야 말았다. 경찰이 기자에게는 최루액을 쏘지 않을 거라고 순진하게 믿던 때였다. 경찰이 물총같이 생긴 것을 들고 집회 참가자들에게 최루액을 쏘는 모습을 핸드폰으로 찍으려다 정확히 오른쪽 눈을 저격당했다. 어찌나 화끈거리고 쓰라리던지 핸드폰이 아스팔트 바다 위로 떨어져 박살이 나든 말든 그저 눈을 부여잡은 채 마구 비명만 질러댔다. 그때 나는 내가 실명될 수도 있다고 생각했다. 그 정도로 생경한 아픔이었다. 하지만 다행히도 누군가 "눈 비비지 마세요!" 외치더니 내 손목을 잡곤 어디론가 질질 끌고 간 뒤 두 눈에 생수를 콸콸 부어주었다. "이제 눈 떠봐요." 생수 한 통을 다 비운 뒤에야 천천히 눈을 떴는데, 그때까지도 눈물 콧물이 쉴새없이 흘러나왔다. "처음인가보네. 이걸로 좀 닦아요." 손수건이었다. 나는 창피한 줄도 모르고, 오직 살겠다는 마음 하나로 은인이 건넨 손수건으로 눈물에 콧물까지 마구 닦아냈는데, 그래서였을까…… 그분은 한사코 손수건 되돌려 받기를 거절하셨다.

그래도 그때는 물총 수준이었지, 세월호 참사 집회 때는 물대포였다. 이번에는 물대포를 쏘는 경찰을 촬영하려 가까이 다가가다 직방으로 맞았는데, 캡사이신을 얼마나 많이 탄 건지 온몸이 바로 불타올랐다. 그 생경한 아픔에 비명을 지르며 도

망치다 쫘당 넘어지기까지 했다. 길바닥이 물바다였는데, 캡사이신을 탄 물은 꼭 세제를 푼 것처럼 뿌옇고 미끄러웠다. 물에 빠진 생쥐 꼴로 편의점에 들어가 생수를 사고는 누가 보든 말든 셔츠를 벗고 온몸에 물을 뿌려댔다. 언젠가 은인이 눈에 물을 뿌려줬을 때처럼. 그러나 나는 그때 처음으로 알게 된다. 캡사이신은 맹물로 잘 씻겨나가지 않는다는 것을…… "아, 이런 씨……" 욕지거리를 하며 새빨개진 몸을 손으로 문대는데, 문득 조금 전 집회 현장에서 만난 유족의 얼굴이 떠올랐다. 팽목항에서부터 알고 지낸 아버지였다. "하, 씨……" 나는 속으로 그만은 저 물대포를 맞지 않길 간절히 바라며 캡사이신의 기름기를 벗겨냈다.

다음날 아침이 밝자마자, 선배에게 씩씩대며 밤사이 있던 일을 전부 보고했다. 선배는 경찰에 항의하겠다고 하면서도 신신당부했다. "위험하니까 가까이 가지 마. 앞으로는 멀리 떨어져서 촬영하라고. 줌으로 당겨 찍으면 되잖아." 선배의 당부는 가히 선견지명이었다. 내가 물대포를 맞고 넘어진 날로부터 몇 달 뒤, 한 농민이 경찰이 쏜 물대포에 맞아 쓰러지고는 영영 일어나지 못했다.

그런데도 당시 나는 선배의 말을 듣지 않고, 광화문광장에 차벽이 세워지는 날에도 굳이 그 난리통 한가운데로 들어가곤 했다. 참사 유족들이 경찰에 연행되고, 잡혀가지 않은 유족들이 그 모습을 보며 오열하던 때였다. 유족들은 청와대로 가야겠다고, 경찰이 차벽으로 막아서면 그 아래를 기어서라도 가겠다고, 거친 아스팔트 바닥을 온몸으로 밀며 나아갔다. 그러다 끝내 버스 아래에서 아이의 이름을 목놓아 부르며 울었는데, 그 모습을 멀찍이 떨어져 팔짱 끼고 지켜볼 수는 없었다.

그렇게 집회의 한복판을 휘젓고 다니던 어느 날, 나는 끝내…… 얻어맞기까지 했다. 그저 바닥에 주저앉아 노트북으로 중계 원고를 쓰고 있었을 뿐인데, 갑자기 웬 남자가 나타나 내 뺨을 철썩 때린 것이다. 고개가 휙 돌아갈 정도의 풀스윙이었다. 나는 별안간 일어난 일에 깜짝 놀라 억 소리조차 내지 못한 채 그 남자를 올려다보기만 했다. 내 주변에 있던, 나와 오래 알고 지낸 유족들도 깜짝 놀라 그를 쳐다봤다. 그의 표정은 어딘가 의기양양해 보였다. 그러다 우리 중 제일 먼저 정신을 차린 한 유족이 "애를(너무 놀랐는지 나를 기자가 아닌 애로 지칭했다) 왜 때려요?" 하며 따졌다. 그제야 그 남자는 화들짝 놀라며 도망쳤다. 지금까지도 그때 내가 왜 맞은 건지 정확히 알 수 없다. 단지 기자라 때린 것 같다고 추측할 뿐이다. 당시 내 노트북엔 기자라는 것을 알리는 스티커가 대문짝만하게 붙어 있었다. 나는 중계를 무사히 마친 뒤에야 선배에게 이 일을 보고했는데, "널 왜 때려? 네가 뭘 잘못했다고?"라는 질문에 풀죽은 목소리로 "기자 혐오 시대라 그런 것 아닐까요?"라고 답해 선배를 더 화나게 만들었다. "그게 말이 돼?" 그는 길길이 날뛰며 경찰에 신고해 그놈을 꼭 잡아주겠다고 했다.

현장을 취재중인 언론을 공격하는 것은(아니, 그게 누구든 폭행해선 안 된다) 명백한 범죄다. 다시 그때로 돌아간다면, 또다른 피해자가 나오는 걸 막기 위해서라도 경찰에 신고하겠다고 했을 것이다. 취재하다 구타당하는 동료가 늘어난 요즘을 생각하면 더더욱 그렇다. 하지만 당시 나는 그저 선배를 말리기만 했다. 그냥, 그때 내 마음이 그랬다.

"괜찮아요, 선배. 어차피 못 잡을 거예요. 스티커나 떼야겠어요. 원래는 언론임을 밝히고 보호받으려 붙이는 거잖아요. 그런데 지금 시대에서는 오히려 이것 때문에 표적이 되는 것 같아요."

그러자 그는 한숨을 푹 내쉬며 말했다.

"너도 참 가지가지 한다. 한쪽에서만 맞아. 왜 경찰한테도 맞고 시위대한테도 맞고 다니냐?"

그 말에 나는 장난스러운 말투로 이렇게 답했다.

"그래도 양쪽에 다 맞아보니, 뭐가 더 아픈지는 알겠던데. 이제 더 균형 잡힌 기사를 쓸 수 있지 않을까요?"

그러자 선배는 고개를 절레절레 내저었다.

"아…… 저 꼴통."

◐

그로부터 불과 몇 년 뒤, 광화문광장은 촛불로 뒤덮였다. 집회측 추산 무려 100만 명이 광장에 모였지만, 그 어떠한 폭력적 충돌도 없었다. 고요한 촛불의 함성을 들으며, 평화로이 넘실대는 촛불의 물결을 보며, 나는 내가 서 있던 역사의 한 페이지가 넘어갔음을 느꼈다. 그리고 깨달았다. 아, 역사의 한 페이지란 참으로 무거운 것이로구나! 이 한 장을 넘기려고 얼마나 많은 사람들이 눈물을 쏟아내야 했는지, 가슴을 도려내야 했는지, 분투해야 했는지, 나는 분명히 보았다. 지켜본 사람으로서 늦게나마 안부를 전한다.

다들, 안녕하시지요?

* 원래 이 글은 여기서 끝나는 것이었지만, 도저히 글을 이어가지 않으면 안 되는 일이 벌어지고 말았다. 글을 완성하고 딱 보름 뒤, 한밤중 난데없는 비상계엄이 내려진 것이다.

3부
답은 명사가 아닌 동사여야 한다

TAKE 15   NEWS

2년마다 너 자신을 팔아봐

🎤　　기자라는 직업은 참 독특하다. 회사가 뽑고, 회사가 월급을 준다는 점에서 여느 회사원과 다를 바 없지만, 회사의 이익보다는 국민의 이익을 위해 일하기를 기대받는다. 공무원처럼 세금으로 월급 받는 것도(일부 공영방송 기자들은 예외다) 아니고 승진도 회사가, 해고도 회사가 한다.

그렇다고 특별한 기술이 있는 것도 아니다. 회사에서 쫓겨나거나, 박차고 나오면 당장 밥벌이가 막막해진다. 그런데도 기자에게는 회사와 국민의 이익이 다를 경우, 회사에 맞서 싸워서라도 국민을 택하는 사명감이 요구된다. 그게 불합리하다는 말을 하고 싶은 건 아니다. 나도 그런 생각을 가진 채 회사원이 아닌 기자가 됐고, 회사로부터 월급 받으며 산 지 10년이 넘었지만 여전히 스스로를 회사원이 아닌 기자라고 여기고 있다.

회사원이 아니라고 생각하는 회사원에게 회사를 옮긴다는 것은 크게 부담스러운 일도, 어려운 일도 아니었다. 나는 5년 차 때 MBN에서 JTBC로 이직했는데, 고백하자면 처음 이직을 생각했던 건 그보다 훨씬 더 오래 전이었다. "2년마다 너 자신을 팔아봐라"라던 첫 회사 사수의 영향이 컸던 것 같다. 물론 처음에는 그저 막연한 생각일 뿐이었다. 하지만 회사를 다닐수록 그 막연했던 생각은 점점 구체적인 모양을 갖추게 되었다. 내가 이런 말을 하면 사람들은 기대에 찬 눈빛으로 "왜"냐고 묻는다. 존경은커녕 도무지 존중할 수조차 없는 상사, 뭘 알고 나 시키는 건가 싶은 지시, 상식적으로 납득되지 않는 불합리한 결정, 치사한 처우 같은 뒷담화가 나올 거라는 기대이다. "어휴, 말도 마세요. 사표 내니까 속이 어찌나 시원하던지. 그 회사 나오니까요, 벌써 그 사람 얼굴도 기억이 잘 안 난다니까요?" 같은 말(수상하리만치 구체적이지만, 내가 한 말은 아니라는 점을 밝혀둔다).

이런 얘기는 참 언제 들어도 통쾌하다. 직장인이 휴가 다음으로 가장 말하기 좋아하는 주제가 이직(=퇴사) 아닐까 싶다.

물론 나에게도 풀어놓을 이야기는 많다. 하지만 내가 이직 결심을 굳힌 건 그런 이유 때문은 아니었다. 말하자면 나는 『잭과 콩나무』에 나오는 콩나무처럼 쑥쑥 자라나고 싶은데, 여기선 더이상 클 수 없을 거란 확신이 들어서였다.

MBN이란 회사가 별로였다는 뜻은 결코 아니다. MBN은 우리 업계에선 '방송기자 사관학교'로 불릴 만큼 후배들 교육에 진심인 곳이었다. 기본기를 엄하게 가르치는 선배도 많았고, 기자의 유일한 자산이라 할 수 있는 취재원, 취재 노하우를 후배에게 아낌없이 공유해주는 분위기이기도 했다. 거기에 더해, 회사가 일을 많이 시켰다. 기자들은 갑자기 무언가를 취재해 기사화하라는 지시를 받았을 때 '총 맞았다'고 표현한다. 타사 동기들이 일주일에 한두 번 총을 맞을 때, 나는 거의 매일 총을 맞았다. 그렇게 몇 년을 보내고 나면, 저녁 메인뉴스 시작까지 겨우 한 시간을 앞두고 맞는, 기자로선 최악의 총을 맞더라도 어떻게든 꾸역꾸역 취재해 무사히 내보낼 수 있게 된다.

입사하고 몇 년간은 MBN이란 회사의 양분을 쭉쭉 빨아먹으며 자라났다. 오늘의 나는 1년 전의 나와는 완전히 다른 사람이었고, 1년 전의 나는 또 2년 전의 나와는 완전히 다른 사람이었다. 그런데 어느 순간, 성장이 뚝 멈췄다. 오늘의 나는 어제의 나와 같았고, 한 달 전의 나와도 같았으며, 반년 전의 나와도 같았다. 어쩌면 내일의 나, 1년 뒤의 나와도 같을지 모른다. 두려움이 엄습했다.

고민이 점점 깊어져갈 때, 국정농단 사태가 터지고 말았다. 이런 굵직한 사건이 일어나면 개인적인 삶은 썰물처럼 쏴아 밀려나고 만다. 나는 이직에 대한 생각은 저멀리 밀어낸 채, 그 당시 많은 기자들이 그랬듯 취재에 몰두했다. 그 과정에서 회사에 실망하는 순간도, 그렇게나 사랑하던 기자직에 회의를 느끼는 순간도 찾아왔다.

이듬해 헌정사상 처음으로 대통령이 탄핵되고 세상이 조용해지면서 밀려났던 나의 고민도 되돌아왔다. 그러던 어느 날 그 고민의 바다 위로 두둥실 '행운의 편지'가 떠내려왔다. 영국에서 시작된 편지는 아니었고, 서울 상암동에서 시작된 것이었다. JTBC에서 경력 기자를 뽑는다는 소식이었다. 당시 JTBC는 이른바 '태블릿PC 특종'으로 최고의 주가를 올리고 있었다. 압도적인 시청률은 물론이고 "JTBC 기자님들에게는 공짜입니다"라고 써붙인 식당마저 찾아볼 수 있었으니 그 위상이 대단

했다. 경력 공채치고는 이례적으로 많은 지원자가 몰렸다. 하지만 나는 신중했다. 평소 '못 먹어도 고!'를 자주 외치는 나지만, 이번만큼은 달랐다. 그도 그럴 것이 우리 업계는 바닥이 좁은 만큼 이직이 잦은 편은 아니다. 쭉 한 회사만 다니는 기자가 압도적으로 많고, 회사를 두 번 이상 옮기는 기자는 극히 드물다. 그러니 어쩌면 나에게도 이번이 처음이자 마지막 이직 기회일 수 있었다. 과연 JTBC가 나를 성장시켜줄 회사일까? 알 수 없었다.

밖에서 보기에 JTBC는 분명 내공이 상당해 보였다. 남들이 하지 않는 새로운 시도도 많이 했다. 동시에 우려되는 지점도 분명 있었다. 게다가 막상 회사를 옮긴다고 생각하니 '이 안락한 둥지를 꼭 떠나야겠니? 무슨 부귀영화를 누리겠다고?' 하는 물음표가 스멀스멀 떠오르기도 했다. 어떡하지…… 똥 마려운 강아지마냥 방안을 뱅글뱅글 돌고 돌았다. 하지만 고민의 시간이 길진 않았다. 즉흥적으로 지원서를 내버렸다. 이 회사가 바로 그 회사인가, 바깥에서 백날 관상을 봐봤자 알 수 없다. 일단 지원서를 내고 가까이에서 살펴보기로 했다.

채용을 시작하면 한민용이란 사람이 과연 어떤 기자인지 회사가 돋보기 들고 들여다보는 것처럼, 나도 JTBC의 면접을 보며 판단하기로 한 것이다. 사람을 뽑는 과정에서 보이는 태도,

면접관이 던지는 질문 등으로 어느 정도 가늠해볼 수 있을 것이다. 그렇게 나는 면접자이자 면접관으로, 면접장에 들어섰다.

1차 면접장에는 권석천 당시 보도국장이 앉아 있었다. 그는 내가 JTBC로 옮겨야겠다고 생각한 이유 중 하나였다. 당시 나에겐 권석천이 손석희보다 더 스타였다. 그의 글을 필사하며 필기시험을 준비했기 때문이다. 나는 언제나 그처럼 글을 잘 쓰고 싶었다.

"한민용씨, 이 기사는 선배가 취재한 걸 같이 쓴 건가요, 아니면 본인이 주도적으로 취재한 건가요?" 그는 내가 한 취재를 궁금해했다. 취재는 어떻게 이뤄졌는지, 취재하고 보도하는 데 어려움은 없었는지, 취재한 내용은 온전히 보도됐는지, 만약 우리 회사에 왔는데 윗선에서 보도를 막는다면 어떻게 할 것인지 등을 물었다. 나는 그 질문들이 상당히 마음에 들었다. 이 회사에선 지금의 회사와는 다른 고민을 하게 될 것이고, 다른 답을 찾게 될 거라는 확신이 들었다. 1차 면접, 합격이었다. 나도, JTBC도. (물론 JTBC는 내가 합격시켜준 것을 모른다. 지금도.)

2차 면접장에는 회사 고위 임원들이 앉아 있었다. 그중에는 손석희 당시 사장도 있었다. 그는 나에게 단 두 개의 질문만을 했는데, 신기하게도 모두 나를 꿰뚫어 본 듯한 것이었다.

첫번째 질문.

"한민용씨는 친구가 몇이나 됩니까?"

많은 사람이 나를 외향적인 사람으로 오해하지만, 실은 지극히도 내향적인 사람이다. 꽤 많은 경우 나의 친구는 나 자신이거나 사람이 아닌 무언가였다.

"한 다섯 명? 그 정도 되는 것 같습니다."

예상치 못한 질문에, 의식의 흐름대로 답해버렸다. 딱 봐도 친구가 없어 보이는지, 성격에 문제 있어 보이는지, 왜 그런 질문을 한 건지 너무나 궁금했지만 대화는 여기서 끝이 나버렸다. 이 이야기를 들은 몇 안 되는 내 친구 중 하나는 물개 박수를 치며 감탄했다. "대박. 면접 아니고 신점 보고 온 거 아냐? 너 얼굴에 친구 없다고 쓰여 있었나봐. 귀신이네, 귀신!"

두번째 질문은 더 귀신같았다.

"한민용씨는 좀 즉흥적인 편인 것 같은데, 그런가요?"

중국으로 떠났다가 또다시 훌쩍 미국으로 떠난 나의 이력 때문에 하는 질문이었다.

"네, 좀 그런 편인 것 같습니다."

사실이다. 나는 좀 즉흥적인 편이다. JTBC에 합격하고 첫 출근 날짜가 정해지자, 바로 가장 싼 비행기 티켓(로마였다)을 사 공항으로 달려갔고, 남부 소도시를 정처 없이 돌아다니다 열차가 파업하는 바람에 제날 출근하지 못할 뻔했다.

"한민용씨는 제 말의 취지를 모르겠어요?"

압박 질문이었다. 그의 말투는 뉴스에서처럼 날카로웠고 눈빛은 서늘했다. 그 순간 면접장이 스튜디오로 변했다. 그는 앵커, 나는 인터뷰이, 다른 면접관들은 시청자. 나 빼고 모두가 흥미진진해하는 게 느껴졌다.

"네, 잘…… 모르겠는데요."

하지만 나는 단순무식한 답변으로 모두의 흥을 깨버렸다. 어쩜 그런 자리에서 그렇게 당당하게 모른다는 말을 했느냐고 묻는다면, 잘 모르겠다. 그래도 압박 질문에서 벗어나는 효과는 있었다.

"그러니까, 한민용씨가 우리 회사에 뽑혔는데, 마찬가지로 즉흥적으로 나가버리면 어떡하느냐는 거죠. 우리를 설득해봐요."

나는 무릎을 탁 쳤다(물론 속으로). 재미삼아 이직하는 건 당연히 아니지만(그럴 직장인이 있을까 싶다), JTBC가 아니면 안 된다거나 JTBC에 뼈를 묻겠다거나 하는 건 아니었다. 막상 가보니 내가 생각한 것과 다르거나, 이곳에서 내가 성장할 수 없다고 느끼면 다른 곳으로 옮겨갈 생각도 당연히 있었다. 하지만 이런 속내를 굳이 면접장에서 털어놓을 필요는 없었다. 그렇다고 명백한 거짓말을 하고 싶지도 않았다. 나는 그에게 답하기 어려운 질문을 받은 정치인들이 으레 하듯, 해도 그만 안 해도 그만인 답변만 늘어놓았다. 한눈에도 그가 날 탐탁지 않아 한다는 걸 알 수 있었다. 그렇지만 결과는 합격이었다.

◎

회사를 옮긴다는 것은 만만치 않은 일이었다. 내가 각오했던 것보다 더 그랬다. 오래 몸담아온 조직에서는 내가 어떤 사람인지, 어떤 능력을 갖고 있는지 증명할 필요가 없었지만, 새로 옮겨온 곳에서는 끊임없이 나를 증명해내야만 했다. '어디 얼마나 잘하나 보자'고 실제로 내색하는 사람은 없었지만 나로서는 괜스레 그런 시선을 의식할 수밖에 없었다.

가장 버거웠던 것은 '방송'이었다. 기자는 보통 취재에 강한 취재형, 기획 아이디어가 좋은 기획형, 방송을 잘하는 방송형으로 나눌 수 있는데, 나는 스스로를 취재형으로 여겨왔다. 현장이 좋았고 잘 맞았다. 스튜디오 쪽은 쳐다보지도 않았다. 방송은 내 길이 아니라고 생각한 건데, 나만 그렇게 생각한 것도 아니었다. 선배들도, 회사도 날 방송에 투입할 '방송 요원'으로 여기지 않았다. "아직도 중계 안 해봤지? 그래도 후배들보단 먼저 해봐야지"라는 말과 함께 동기 중 꼴찌로 중계 데뷔를 했고, 메인뉴스 출연은 단 한 번도 해보지 못했다. 5년 차가 될 때까지 스튜디오가 몇 층에 있는지도 잘 모르는 채로 이직했으니, 말 다했다.

반면 JTBC는 다른 방송사보다 중계와 출연이 많았다. 이직하고 얼마 지나지 않아 바로 중계를 타란 지시가 떨어졌다. 긴장됐다. 중계야 이전 회사에서도 여러 번 해봤지만 JTBC의 중계는 좀 달랐기 때문이다. 보통은 처음 한두 문장을 말할 때만 기자가 화면에 노출되고, 그다음부터는 자료화면이 나간다. 그래서 이제까지는 앞부분만 좀 외워 말하다 화면이 덮이면 편하게 원고를 읽어왔는데, JTBC는 처음부터 끝까지 기자를 노출시켰다. 원고를 다 외우지 않는 한, 핸드폰을 훔쳐볼 수밖에 없는 것이다. 그런데 이게 끝이 아니었다. 중계를 겨우 몇 시간 앞두고 이런 사실도 알게 됐다.

"우리 회사에서 중계 타는 거 처음이지? 앵커가 돌발 질문을 할 수 있어."

그게 무슨 말인가. 앵커가 원고에 없는 질문을 하다니. 아무거나 묻다보면, 내가 미처 파악하지 못한 것을 물을 수도 있지 않나?

"명심해. 모르는 걸 물어보면 모른다고 답해야 해."

아니, 그렇다면 실제 모르는 것을 묻기도 한다는 말 아닌가! 망치로 머리를 세게 얻어맞은 것만 같았다. 모르면 모른다고 하는 건 내가 잘하는 일이지만, 면접장도 아니고 시청자 앞에서 "잘 모르겠는데요"라고 말해도 되는 걸까? 시청자에게 못 미더운 기자로 비춰질 것 같은데.

"모르는데 대충 넘기려 하는 건 안 통해. 당황해서 확인되지 않은 추측을 말하면 당연히 절대 안 되고, 너무 긴장해서 실수를 많이 해서도 안 돼. 기사가 날 수도 있거든."

산 넘어 산이었다. 들어보니 어물쩍 넘기려다 혼쭐난 기자가 한둘이 아니었다. 그 혼쭐나는 모습이 그대로 생방송으로 나가다보니 온라인 매체에서 기사화하는 경우도 있었다. 〈뉴스룸〉이 워낙 화제의 프로그램이다보니 일어나는 특이한 현상이었다.

나는 모든 걸 내려놨다. 원고가 담긴 핸드폰도 내려놨다. 어차피 원고대로 가는 게 아니라면 굳이 핸드폰을 훔쳐볼 필요도 없었다. 차라리 잘됐다. 안 그래도 커닝하는 학생처럼 핸드폰을 슬쩍슬쩍 내려다보는 모습을 시청자에게 보여주고 싶지 않았다. 우리로서는 여러 사정이 있는 것이지만, 그 사정을 모르는 시청자의 눈에는 자기가 취재한 내용도 제대로 말하지 못하는 기자로 보이리란 걱정이 들던 차였다.

꾸역꾸역 첫 중계를 무사히 넘긴 날, 보도국에선 이런 말이

나왔다고 한다. "저 친구 카메라만 보는데? 저렇게 하니 훨씬 신뢰가 가네." 그 덕분인지 중계를 밥먹듯 타게 됐다. 지난 4년간 MBN에서 탄 중계를 다 합친 것보다 JTBC에서 4주간 탄 중계가 더 많았다. 그러다 출연까지 하게 됐는데, 정말이지 출연만큼은 하고 싶지 않았다. 급기야 나는 팀장에게 전화를 걸어 "제가 방송기자 출신이긴 하지만, 이전 회사에서도 메인뉴스 출연은 한 번도 안 해봐서요. 출연은 다른 사람 시키면 안 될까요?" 사정했다. 물론 이런 황당한 부탁이 먹힐 리 없었다.

처음 앉게 된 스튜디오에서 나는 어떤 카메라를 봐야 하는지조차 헤맸다. "그때그때 불 들어오는 카메라 보시면 돼요." 제작진이 친절히 알려줬지만, 나는 자신 없이 데굴데굴 눈동자만 돌리고 있었다. "자신 없으시면 그냥 앵커만 보고 말하셔도 돼요." 카메라도 못 찾는 나는 조언대로 앵커만을 바라보며 준비한 내용을 말했다. 그가 질문을 하려는 게 감지될 때마다 '돌발 질문만은 하지 말아주세요. 저는 카메라도 못 찾는 사람이랍니다'라는 뜻을 담은 간절한 눈빛을 보냈지만, 그는 가차없었다.

이해가 안 됐다. 방송 들어가기 30분 전, 아니 5분 전이라도 '이 질문 추가로 하려 한다' 알려줬다면 대비할 수 있었을 텐데 왜 귀띔해주지 않는 걸까. 그 탓에 원고에 담은 것 이상으로 훨씬 더 많은 걸 알고 있어야만 하고, 또 그것들을 정제된 언어로 말할 수 있는 훈련도 돼 있어야 하지 않나. ……그렇다. 바로 그래서였다. 이런 훈련을 시키려고 미리 귀띔해주지 않는 것이었다. 비록 면접장에서는 맹한 얼굴로 "잘 모르겠는데요" 하던 나였지만, 시청자 앞에서만큼은 무책임한 기자가 되고 싶지 않았다. 이런 마음을 원동력 삼은 나는 꽤나 성실한 훈련생이었고, "그건 모르겠습니다"라고 말하는 일은 일어나지 않았다. 천만다행이었다. 그러면서 태어나 처음으로 '방송 잘한다'는 평가를 받았다. 포털 검색어 순위에 이름이 오르기도 했다. 급기야 회사는 낮에 하는 짧은 뉴스의 앵커를 맡아보란 얘기까지 했다. 나는 펄쩍 뛰며 손사래를 쳤다. 앵커를 꿈꾸는 사람은 많겠지만, 난 아니었다. 내가 아는 나는 그런 일을 잘할 수 있는 사람도 아니었다. 하지만 그로부터 몇 달 뒤, 결국 나는 주말 〈뉴스룸〉의 앵커가 됐다. 이직한 지 반년 만에 메인뉴스의 주말 앵커가 되다니. 나에게도 놀라운 일이었지만 이전 회사 동료들도 나만큼이나 놀랐다. "여기 있을 때도 방송 한번 시켜볼걸" 하는 놀라움이 담긴 말도 여기저기서 들려왔다.

앵커석에 앉게 되면서 나는 그전과는 또다른 모습으로 성장했다. 이제까지는 내가 맡은 분야만을 좁고 깊게 들여다봤다면, 지금은 그 깊이는 얕아졌을지 몰라도 때론 바다 건너편까지 넓게 멀리 보는 법을 익혔다. 이스라엘과 하마스, 우크라이나와 러시아의 전쟁, 튀르키예의 지진, 홍콩의 민주화 사태, 미국의 대선…… 세계 각국의 뉴스를 모두 다 충실히 전달해야 하기 때문이다. 매일매일 카메라 렌즈를 사이에 두고 시청자와 마주하며, 그들에 대해 탐구해보기도 했다. 시청자에게 좋은 뉴스는 어떤 뉴스일까, 시청자가 궁금한 소식은, 알아야 할 소식은 또 무엇일까, 어떻게 전달해야 시청자의 눈과 귀, 마음을 사로잡을 수 있을까. 이런 고민을 하며 보낸 시간들이 쌓여 나름의 답을 찾기도, 깨달음을 얻기도 했다. 모두 그 자리에 앉지 않았다면 하지 않았을 고민, 얻지 못했을 답이다.

　앵커가 된 지 어느덧 6년이지만, 지금 다시 생각해도 소름 끼치도록 놀랍다. 스튜디오가 몇 층에 있는지도 몰랐던 내가 매일 스튜디오로 출근하는 것이 말이다. 성장하고 싶어 회사를 옮겼지만, 그 끝에 이런 결말이 있을 줄은 몰랐다. 전혀 모르고 살던 새로운 가능성을 서른 줄에서야 발견하고, 그게 싹을 틔울 줄이야. 그 어떤 허무맹랑한 상상 속에서도, 지금의 내 모습은 없었다. 이쯤 되니 궁금해진다. 내 안에 여전히 내가 알지 못하는 어떠한 가능성이 숨겨져 있을까? 벌써 서른 중반인데 또 새로운 싹을 움트게 할 수 있을까? 어쩐지 나는 그럴 수 있을 것만 같다.

사라질 직업

회사 건물에 들어가면 전광판에 내 얼굴이 대문짝만 하게 나오고 있어 머쓱할 때가 많다. 앵커는 방송사의 얼굴로 여겨진다. 그중에서도 매일매일 황금시간대에 얼굴을 내비치는 메인뉴스 앵커는 간판이라고까지 불린다. 그러니 아무래도 좀 조심스럽긴 하다. 한 회사에 뿌리내리지 말고 언제든 당신을 성장시켜줄 곳으로 옮겨가라고 권하는 것이 말이다. 마찬가지로 이런 이야기를 하는 것도 조심스러운데…… 사실 나는 요즘도 회사를 나가는 상상을 해보고는 한다.

지금이야 운이 따라줘서 회사의 얼굴 노릇을 하고 있지만, 언젠가는 이곳을 떠나야 할 것이다. 그리고 지금처럼 빠르게 변화하는 시대에는 그런 날이 나의 바람보다 훨씬 더 빨리 찾아 올지도 모른다. 내가 기자가 되기 전부터 언론은 사양산업이 라고들 했다. 어렵게 기자가 된 뒤에는 AI가 우리를 대체할 거 라는 말을 들었다. 그때는 흘려들었지만, 이제는 정말 그럴 수 도 있겠다고 생각한다. OTT와 유튜브의 시대가 이렇게 도래할 줄 누가 알았겠는가. 이제는 우리 어머니도 딸이 나오는 뉴스를 TV 생방송으로 보지 않는다. 세상은, 내가 상상할 수 있던 것 보다 훨씬 빠르게 변하고 있다. 큰일이다. 만약 나에게서 'JTBC 앵커'라는 타이틀이 사라진다면 어떻게 될까? 이런 생각을 하 게 된 뒤부터 나는 답을 찾아 헤매고 있다. "무슨 일 하세요?" 라는 질문에 대한 답. 대신 그 답은 명사가 아닌 동사여야 한 다. 그러니까 "뉴스 앵커요" 혹은 "기자요"라는 답은 땡— 오답 이다.

"저는 사람을 설득하는 일을 하고 있습니다."

지금까지 찾은 답은 이거다. 내가 해온 일의 본질이 설득이었 다고 생각한다. 작게는 해돋이를 보며 어떤 새해 소원을 빌었는 지 카메라에 대고 말해달라는 것부터 크게는 권력자를 끌어내 릴 만한, 깊숙이 숨겨진 비밀을 털어놓으라는 것까지, 모두 설득이었다. 이제까지 내가 써온 기사나 앵커 멘트 역시 설득하기 위해 쓰인 글이었다. 비록 한 문장의 주장도 담겨 있지 않은 사실만을 나열한 글이었어도, 내가 옳다고 생각하는 것을 독자도 옳다고 여기게끔 설득하려는 목적이 있었다.

"설득?" 내 이야기를 들은 동료들은 흥미롭다는 반응을 보였다. 나는 그 반응을 더욱 흥미로워하며 되물었다. "그럼 넌 뭐라고 생각하는데?" 그러면서 나는 명사로서 같은 직업을 갖고 있더라도 동사로서의 답은 모두 다르다는 사실을 알게 됐다.

"중학생도 이해할 수 있는 쉬운 언어로 세상 돌아가는 이야기를 흥미롭게 전해주고 있어요."
"팩트를 발굴하고, 어떤 게 팩트인지 가리는 일을 하고 있어요."
"우리 사회에 도움이 되는 지적과 비판을 하고 있어요."
"사람들을 대신해 질문을 던지고, 답을 듣고 있어요."

동료들의 답은 천차만별이었다. 이렇게 서로 답이 다른 이유는 같은 직업을 갖고 있더라도 내가 하고 싶은 일, 내가 잘하는 일, 내가 의미를 부여하는 일, 내가 비전이 있다고 보는 일이 모두 다르기 때문일 것이다. 그러니 나는 계속해서 나의 답을 찾아나가야겠다. 앞으로 세상이 또 어떻게 달라질지는 결코 알 수 없겠지만, 나 자신만큼은 내가 확실하게 알 수 있는 유일한 것이니까. 내가 뭘 해야 하는 사람인지, 뭘 할 줄 아는 사람인지를 정확히 알고, 그것을 방패 삼으며 최대한 유연하게 이 거친 시대를 살아내고 싶다. 그러면 정말 AI 앵커 시대가 오더라도 끄떡없을 것만 같다.

TAKE 17　　　　　　　　　　　　　　　　　　　　　　　NEWS

여자 앵커

🎤　그러니까 그런 시절이 있었다고 한다. 여자는 기자를 할 수 없던 시절, 어렵게 기자로 뽑히고도 여자니까 결혼하면 회사를 그만두겠다는 서류에 사인하라는 강요를 받던 시절. 여기자가 어딜 정치부, 사회부 같은 주요 부서에서 일하려 하느냐는 핀잔을 듣던 시절, 여기자는 해외 특파원을 꿈도 꿀 수 없던 시절. 물론 나는 이런 시절이 다 지나고 난 뒤 기자가 됐다.

내가 걸어온 시절의 이야기도 한번 해보자면, 당시는 언론사에서 여자보단 남자를 훨씬 많이 뽑던 때였다. 면접도 여자와 남자를 구분해서 봤는데, 여자들이 모인 면접장에서는 "누구 씨는 나이가 좀 있는데 결혼해서 애 낳으면 어떻게 할 거예요?"

라는 질문이 나왔다. 그 누구씨는 '엄마가 키워주기로 다 약속돼 있다'고 했지만 끝내 떨어졌다. 누구씨보다 어렸던 나에게는 그런 질문이 오지 않았다. 왔다면 아마 회사가 원하는 답을 하지 못하고 떨어졌을지도 모른다. 최종 합격하고 보니 여기자는 나까지 단 두 명이었다.

'여기자'이기 때문에 겪는 부당하고 불쾌한 일은 지금도 있다. '젊은 여자라 남자 취재원들이 좋아한다' '여기자는 실력보다 외모 보고 뽑는다', 이런 말이 배울 만큼 배운 책임 있는 사람들의 입에서 부끄럼 없이 나온다.

이름과 얼굴을 숨긴 네티즌들은 더 심하다. 자기 마음에 안 드는 기사인데 여기자가 썼다? 혐오스러운 성희롱을 내뱉는다. 나 역시 그런 일을 몇 번이고 당했다. 그럴 때마다 '이걸 다 소송해?' 분노와 함께 '남자면 기자 생활하기 훨씬 편했겠다'는 생각을 하곤 했다. 그래도 그 시절 여기자 선배들이 당했던 일과는 비교할 수 없다. 나는 사회부와 정치부를 오가며 경찰, 검찰, 법원, 국회 등을 원 없이 출입했다. 여자라고 못 간 곳은 없었다. 대체 선배들은 그 시절을 어떻게 지나온 걸까? 내가 만약 그 시절에 살았다면 어땠을까? 다들 이러고 산다며 그러려니 했을까? 아니면 뾰족한 송곳이 돼 그 시절을 뚫고 나오려 했을까? 나는 늘 그게 궁금했다.

내가 그 시절 선배들의 마음을 헤아려볼 수 있게 된 것은 '여기자'에서 '여앵커'가 되면서였다. 여앵커는 여기자보다 더 구시대적인 기준으로 평가받는 존재였다. 내가 앵커로 발탁된 날, 나의 오랜 선배는 이렇게 말했다.

"냉정하게 말하면 지금 당장 스튜디오에 앉혔을 때 너보다 잘 읽을 사람은 많아. 그런데 나는 네가 '여자 앵커'라는 그 틀을 좀 깨보면 좋겠다."

내가 좋아하는 여기자 선배는 이렇게 말했다.

"난 네가 잘했으면 좋겠어. 어쨌든 이렇게 현장 경험 있는 여기자를 앵커 시키는 건 고무적인 일이니까."

TV 뉴스가 생긴 이래 우리는 아주 오랫동안 중년의 남성 앵커가 뉴스의 문을 열며 주요 뉴스를 전하고, 젊은 여성 앵커가 이를 보조하며 연성뉴스를 전하는 모습을 봐왔다. 기자 출신의 중년 남성이 메인앵커, 아나운서 출신의 젊은 여성이 서브앵커를 맡는 건 오랜 공식과도 같은 것이었다. 앵커는 단어 그대로 배의 닻처럼 뉴스의 중심을 잡는 사람이라며 뉴스와 현장을 잘 아는 사람이 맡아야 한다면서도 이런 공식을 짜고, 그 공식이 그토록 오랫동안 유지된 것은 방송가가 여자 앵커의 역할을 어떻게 여기는지를 잘 보여주는 대목이었다. 당시 우리 회사는 그 오래된 공식을 깨보려 했고, 내가 그 틀을 깨는 첫번째 도끼는 아니었지만 그 연장선상에서 등장한 도끼였다.

내가 앵커를 맡는다는 소식이 알려진 뒤, 나는 기자였을 땐 받을 일 없던, 서로 잘 알지 못하는 여자들의 응원도 받게 됐다. 그중에서도 내가 몇 번 취재했던 한 여성 법조인이 쓴 글이 기억에 남는다. 그와 SNS 친구인 한 선배가 전해준 내용은 대략 이랬다. '한민용 기자가 앵커가 됐다고 하니, 다들 그의 외모에 대해서만 이야기한다. 그가 어떠한 기자였는지에 대해서는 아무도 말하지 않는다. 내가 몇 번 겪어본 그는 꼼꼼하고 치열하게 취재하는 기자였다.' 뜻밖의 응원과 지지에 무척이나 감사했지만, 동시에 나는 아연실색하고 말았다. 다들 내 외모만 말한다고?

첫 방송날이 정해지고 나는 바로 분장실과 의상실로 보내졌다. 헤어, 메이크업, 의상 전문가들이 머리를 맞대고 나를 어떻게 꾸밀지 치열하게 고민하기 시작했다. 그들의 입장에서 나는 매우 손이 많이 가는 출연자였다. 우리 사이에는 이런 식의 대화가 반복됐다.

"가르마는 어느 쪽으로 할 거예요?"

"가르마요? 그냥 아무 쪽?"

"그게 아니라, 왼쪽 오른쪽 중 어느 쪽 얼굴이 더 잘 받아요? 거기 맞게 해야죠."

"음…… 어느 쪽이 더 나아요?"

하지만 그들은 역시 프로였다. 뭘 물어도 잘 모르겠다는 내 머리를 묶어도 보고, 풀어도 보고, 웨이브를 넣어도 보고, 속눈썹을 이렇게 붙였다 저렇게 붙여보고, 눈두덩에 이 색을 발랐다 저 색을 발랐다 하며 최고의 모습을 찾아내려 했다. 마침내 그들이 팔짱을 낀 채 거울 속의 나를 이렇게도 저렇게도 째려보고는 "어때요? 이게 제일 예뻐 보이는데"라고 말했을 때, 그들의 눈은 확신에 차 있었다. 하지만 안타깝게도 내 눈에는 거울 속 내 모습이 그저 우스꽝스러워 보일 뿐이었다. 스프레이를 뿌려 딱딱하게 고정한 머리는 자갈치 과자를 연상시켰고, 공작새 날개처럼 펄럭이는 속눈썹은 떼어버리고만 싶었다. "꼭 이렇게까지 해야 돼요? 남자 앵커들은 대충하던데." 내가 이럴 때마다 사람들은 말했다. "여자 앵커는 뉴스의 꽃이잖아요."

꽃은 개뿔. 물론 TV에 나오는 사람이 매력적으로 보이면 당연히 좋은 일이다. 꽃이라는 말도 그런 의미를 담아 한 말이겠지만, 당시 나로서는 반감이 드는 것도 어쩔 수 없는 일이었다. 내가 왜 그랬는지는 잘 기억나지 않지만, 결국 첫 방송날 평소 내 모습 그대로 카메라 앞에 서버렸다. 머리는 앞머리를 내린 채 질끈 묶었고, 움직이기 편한 낙낙한 바지 정장을 입었다. 펄럭이는 속눈썹도 떼버렸다. 다행히 우리 회사는 그 옛날부터 여자 앵커가 안경을 쓰고 뉴스를 진행해도 아무 논란도, 화제도 되지 않은 곳이었다. "저 하고 싶은 대로 하게 둬. 지가 편해야 보는 시청자도 편하지." 하지만 첫 방송 이후 나는 전문가들의 말은 잘 따르기로 했다. 앞머리 때문에 얼굴에 그림자가 져 날도 더운데 저 앵커 때문에 답답해서 뉴스 못 보겠다는 시청자 항의가 잇따른 것이다.

회를 거듭하며 나는 여자 앵커에게 요구되는 것이 또 있다는 것을 알게 됐다. 그건 바로 연기력이었다. 뉴스 후반부에 배치되는 스포츠·문화 기사는 언제나 내 몫이었는데, 그 기사들은 뉴스 안에서 감정을 드러내도 되는, 어쩌면 드러내야 하는 몇 안 되는 기사였다. 짜릿한 승부를 전할 때는 정말 벅차게, 역경을 딛고 승리한 기사를 전할 때는 뭉클하게 전해야 마땅한데, 그게 참 안 됐다. 이제껏 기자로서 감정을 억누르는 훈련만을 받아온 탓인지, 감정을 드러내라 하니 쑥스럽고 창피했다. 내가 익숙하고 자신 있는 표정은 무표정이었다. 나는 보도국 안에서도 가장 드라이한, 감정이 조금이라도 묻어나선 안 되는 사회부에만 내리 있었고, 당시도 뉴스를 진행하는 금·토·일을 제외하고는 사회부 기자로 일하며 무표정한 얼굴로 중계를 타고 있었다. "민용아, 좀 기쁘게 해봐. 이긴 거잖아!" 이런 말에 억지로 입꼬리를 올려보기도 했지만, 결과물은 언제나 기괴했다. 맞지 않는 옷을 입는다는 게 이런 거구나, 피로웠다.

◉

그러던 어느 날, 나에게도 몸에 꼭 맞는 옷을 입는 날이 왔다. 전직 대통령의 재판 진행 상황을 전하게 된 것이다. 앵커가 되기 전부터 담당했던 사건이고, 앵커가 된 후에도 계속해서 도맡아 취재한 사안이었다. 내용을 잘 알고 있던 만큼, 진행할 때도 아주 편안했다. 그런데 불편한 사람도 있던 모양이다. "왜 이런 중요한 뉴스를 여자 앵커가 전하게 하죠? 그러니까 중요하지 않은 뉴스 같잖아요." 시청자 항의가 온 것이다. 충격이었다. 내가 기자로서 여러 차례 보도했던 사건이었다. 여기자가 보도하는 건 괜찮지만, 여앵커가 전하는 건 안 괜찮다는 건가. 무슨 차이가 있는지, 헤아릴 수 없었다. 회사가 그렇게 말했다면 항의라도 해볼 텐데, 뉴스를 보는 시청자가 그렇게 느낀다면 어떻게 해야 하는 걸까. 배우가 관객을 탓할 수는 없는 법 아닌가. 입이 댓 발 나온 나에게 선배는 말했다. "나 때는 말이야. 어느 날 뉴스 시작했는데 항의전화가 막 빗발치는 거야. 왜 그랬는지 아냐? 뉴스 시작하고 맨 앞에 나오는 주요 뉴스 세 개를 줄줄이 다 여기자가 보도했다는 게 이유였어." 시대는 흐른다는 위로였지만, 당시 나에게 큰 위로는 못 됐다.

"왜 여자 앵커는 주요 뉴스를 전하면 안 돼? 차별 아냐?" 가까운 남자 동료를 붙잡고 토로했다. 맞장구쳐주길 기대하고 한 푸념이었지만, 그는 이렇게 말했다. "근데 남자들은 너처럼 낮은 연차에서 절대 앵커 못 해. 다 너보다 10년은 더 선배들 아냐? 그런데 똑같이 대해달라 하면 그게 오히려 역차별이라 생각할 사람도 많을 것 같은데."

생각해보니 그 말도 맞았다. 나는 겨우 6년 차 기자로 앵커가 됐다. 남자 앵커들은 나보다 못해도 10년은 더 선배였다. 그들은 메인뉴스의 앵커석에 앉기까지 여러 부서를 돌며 현장을 취재했고, 다른 프로그램을 진행하며 방송 경험을 차곡차곡 쌓았다. 게다가 당시 나와 함께 주말 〈뉴스룸〉을 진행한 메인앵커는 매우 뛰어나고 배울 점이 많은 선배였다. 왜 차별하느냐 억울해했지만, 막상 성별을 떼고 보니 나는 저 자리에 선배는 그 자리에 있는 것이 옳았다. 새삼 회의실을 다시 떠올려봤다. 보도국장 주재로 각 부서장들이 모이는 회의실 안에서 나는 유일한 평기자였다. 그 자리에 앉은 선배들은 모두 나보다 이 일을 10년, 20년은 더 해온 사람들이었다. 내가 지난 5년간 얼마나 많이 배웠고 성장했는지를 떠올려보니, 선배들이 쌓아온 그 세월 앞에 새삼 고개가 숙여졌다. 물론 그 연차에 남자만 있는 것은 아닐 텐데, 왜 이제껏 여성 메인앵커는 없었느냐는 또다른 차원의 문제지만 말이다.

나부터 내 앞에 붙은 성별을 스스로 떼기로 했다. 그러니 이제 막 시작하는 앵커가 해야 할 일이 눈에 들어오기 시작했다. 우선 실력부터 키워야 했다. 일단은 앵커링이 시급했다. 동료들이 애써 쓴 기사를 내가 망쳐서는 안 될 일이다. 거울 앞에 서서 원고를 읽고 자연스럽게 웃는 연습도 했다. 회의실에서는 점점 목소리를 냈다. 우리 뉴스를 더 좋은 방향으로 이끄는 데 메인앵커, 서브앵커의 역할이 나뉘어 있지 않다고 생각했다.

앵커에겐 결정권은 없어도 발언권은 있었다. 내가 좋은 의견을 갖고 있다면 우리 뉴스에 또하나의 좋은 의견이 보태지는 것과 같았다. 국장, 부장들 앞에서 한참 후배인 내가 의견을 말하는 걸 안 좋게 보는 사람들도 있었다. 물론 최소 차장급은 되어야 들어올 수 있는 회의실 안에서 내가 앵커랍시고 존재감을 드러내기 위해 아무 말이나 해서는 안 됐다. 하지만 필요한 말을 하는 것은 전혀 다른 문제라고 생각했다. 그저 입을 다물기보다는 좋은 의견, 들어볼 만한 의견, 우리 뉴스에 필요한 의견을 말할 수 있도록 노력하는 게 훨씬 바람직하다고 믿었다.

그렇게 1년이 지났고 어느 정도 앵커 일에 익숙해졌다고 느낄 때쯤, 개편 소식이 들려왔다. 메인앵커 선배는 특파원을 가게 됐다고 했다. 나는, 나는 어쩌면 내려오게 될 수도 있다고 했다. 뜻밖의 서운함이 밀려왔다. 더 잘해볼걸, 그때 이렇게 해볼걸, 이런저런 아쉬움이 머릿속을 맴돌았다. 며칠 뒤 사장실에서 호출이 왔다. 앵커의 하차 소식은 앵커 본인에게 가장 먼저 알려주는 것이 우리 업계의 세심한 관행이었다. 하차 통보를 받으면 뭐라고 인사를 할지 속으로 읊어보며 무거운 발걸음을 옮겼다. 그런데 나를 기다리고 있던 건 하차 통보가 아니었다.

"주말 〈뉴스룸〉을 혼자 맡아서 해봐라."

우리 회사에서 여자가 메인뉴스를 단독으로 진행했던 적은 없었다. 물론 다른 방송사를 통틀어서도 이례적인 일이었다. "잘해. 단독 앵커는 나도 못 해본 거야." 분명 예상치 못한 통보였는데, 어쩐지 나는 마치 오래 준비해온 사람처럼 답했다. "네, 잘하겠습니다." 요동치는 심장에 비해 내 목소리는 너무나 차분하게 들렸다.

개편이 발표되고 여러 말이 나왔다. "잘할 거야. 부담 갖지 마" "1년만 무사고로 채운다고 생각해. 그것만 해도 충분히 잘해낸 거야" 나의 부담을 덜어주려는 고마운 말도 많았고, "혼자 뉴스를 이끌기에는 너무 경험이 부족하지 않나?" "혼자? 무게감이 너무 떨어지는데" "뉴스 하기에는 너무 젊은 여자 아닌가" 등. 나로서는 어찌할 수 없는 말들도 내 등뒤에서 오갔다.

나에겐 무수히 많은 단점이 있지만 자랑할 만한 꽤 괜찮은 장점도 있는데, 바로 자기 객관화가 잘된다는 것이다. 나를 남 보듯 머리부터 발끝까지, 또 남에게는 감출 수 있는 내 안 깊숙한 곳에 숨겨져 있는 추악한 마음까지 샅샅이 들여다봤다. 나는 좋은 앵커감이었다. 부족한 점도 분명 있지만 그걸 인정하고 성실히 채워나갈 사람이었고, 무엇보다 나는 우리 뉴스가 좋은 뉴스가 되는 데 사심 없이 최선을 다할 사람이었다. 부끄러운 뉴스는 하지 말아야지, 이게 진심이라는 것을 남들은 모르지만 나는 알았다. 경험상 평균적으로 남들이 하는 말은 3분의 1 정도만 맞았다. 내가 어쩔 도리가 없는 말들은 얌전히 한구석에 밀어두었다.

    홀로 서니, 스튜디오가 참 컸다. 휑했다. 이곳에 더이상 내가 숨을 곳은 없었다. 내가 사고를 쳐도 수습해줄 선배가 없었다. 선배가 진행할 동안, 잠시 원고를 고치고 숨 고를 틈도 이제는 없었다. 아파서도 안 됐다. 그리고 무엇보다, 못해서는 안 됐다. '내가 여자들을 대표하고 있어!'라는 거창한 생각은 하지 않았지만, "예전에 한번 잘할까 싶어 여자한테 맡겨봤는데 영 아니더라고" 같은 말이 나오는 것만큼은 막고 싶었다. 한 남자의 실패는 그만의 실패로 그치지만, 한 여자의 실패는 여성의 실패가 되고 마는 것을 많이 봐왔다.

◎

    개편 후 첫 방송이 시작되자마자 눈코 뜰 새 없이 바쁜 나날이 이어졌다. 나는 〈한민용의 오픈마이크〉라는 코너를 만들어, 직접 아이템을 발제하고, 현장에 나가 취재하고, 리포트를 제작해 큐시트의 한 부분을 채웠다. 코로나 사태 당시 중국 우한의 참상을 기록한 중국인, 코로나가 번져 크루즈선에 갇힌 미국인 탑승객을 직접 취재하며, 기자가 되곤 처음으로 중국어와 영어를 써먹기도 했다. 선거철에는 미니 토론을 진행하기도 했으니 앵커로서 할 수 있는 거의 모든 것을 해본 셈이다. 내 연차에, 한 방송사의 메인뉴스를 이렇게 주도적으로 이끌어본다는 것은 다신 없을 큰 기회였다. 그렇게 나는 주말 앵커석에 앉아 4년여를 보냈다. 누군가는 뉴스를 이끌기에는 너무 젊은 여자라고 했지만, 금방 밀려나지 않고 참 오래 버텼다. 내가 앉았던 그 자리에는 내 뒤로도, 그리고 그뒤로도 여성이 앉았다. 내가 처음이었다는 사실보다 마지막이 아니었다는 사실이, 나는 더 자랑스럽다.

"나중에 평일 〈뉴스룸〉 앵커 해라. 서브 말고 메인으로."

4년여의 주말 앵커 생활을 마치고 내려가게 됐을 때, 이런 말을 들었다. 내가 막 앵커가 됐을 때도 들었던 말이었다. 그때도, 이때도 나의 답은 같았다. "그런 날이 올까요?" 진심이었다. 나는 그런 날은 오지 않을 거라 생각했다. 적어도 나에게는 말이다. 그 말을 건넨 사람들도 진지하게 한 얘기는 아니라고 생각했다. 이제 막 시작하는 앵커에게 원대한 꿈을 갖고 최선을 다하라는 격려로, 이제 내려가게 된 앵커에게 이게 끝은 아닐 거라고 건네는 위로의 말이라고 여긴 것이다. 그런데 시대는 흘렀다. 시대라는 것은 소리소문 없이, 그 어떠한 기척도 없이 까치발을 하고 살금살금 조용히 다가오는 걸까. 그래서 까꿍— 하고 얼굴을 드밀기 전까지는 아주 가까이에 와 있었다는 것조차 눈치챌 수 없는 걸까.

그런 날이 오겠느냐고 반문한 지 1년도 채 되지 않아 나는 그런 날을 맞이했다. 서른셋. 뉴스를 진행하기에는 어쩌면 정말로 젊을지 모를 여자가 메인뉴스의 문을 열고 주요 뉴스를 전하며, 주요 인사들을 인터뷰하게 되었다.

TAKE 18   NEWS

명성 없는 명예

 "한기자는 누구 편이야?"

누구 편. 사회부에서 정치부로 옮겨온 뒤 처음으로 듣게 된 표현이었다. 지금도 크게 다르지는 않지만, 내가 국회를 출입할 때는 이른바 '조국 사태'로 진영 갈등이 극에 달해 있었다. 두 쪽으로 갈라져 치열하게 싸우다보니, 너는 어느 쪽이냐고 묻는 목소리가 많았다. 처음에는 이런 질문에 "기자한테 편이랄 게 있나요"라고 답했다. 정답이 아니란 표정이 돌아왔다. 한번은 "기자는 국민 편이죠"라고 답했는데, 대뜸 이런 질문이 따라왔다. "어떤 국민? 1번 찍는 국민, 2번 찍는 국민?" 진지하게 한

질문은 아니었을 것이다. 농담조로 던진 것이었겠지만, 나는 이 질문을 꽤 오랫동안 곱씹었다. 나는 진짜 누구 편일까? 어떤 국민의 편일까? 그의 말대로 국민도 여러 국민이 있지 않나. 나는 이제껏 늘 국민을 염두에 두고 취재하고 기사를 써왔다. 그 국민은 도대체 누구였을까? 오래도록 답을 찾아 헤맨 끝에, 내가 건져올린 건 내 형제의 얼굴이었다.

우리 삼 남매 중 4년제 대학을 나온 건 나뿐이다. 정규직도 나뿐이다. 언니도, 동생도 여러 일자리를 전전했다. 동생은 최근에도 일자리를 옮겨 이제는 자동차 도색을 한다. 그전에는 배달을 해 내 마음을 졸이게 했다. 대를 이어야 한다는 압박 속에서 늦둥이로 태어난 동생은 나와 열 살 가까이 차이가 난다. 나는 동생의 모든 순간을 지켜봤다. 새빨간 얼굴을 잔뜩 찌푸리며 태어난 날, 기어다닐 줄만 알던 게 기특하게도 벌떡 일어나 걸은 날, 조금은 찌그러진 발음이어도 누나— 하고 불러준 날, 초등학교에 입학한 날, 내 품에 안겨 엉엉 운 날, 모두 어제 일처럼 생생하다. 애틋한 나의 형제.

나는 많은 일을 그들의 눈으로 바라보는 것도 같다. 배달 노동자가 교통사고로 숨졌다는 소식이 들어왔을 때, 군대에서 사고가 터졌을 때, 비정규직이 불합리한 처우를 받을 때, 갑질을 당할 때, 나는 내 형제의 얼굴을 떠올린다.

  그들은 선거날이 오면 몇 번을 찍어야 할지 끝까지 고민하는 사람들이기도 하다. 어쩔 때는 투표를 아예 안 하는 것도 같다. "그래도 투표는 꼭 해야 한다"고 잔소리하면, "알았어, 알았어" 하면서도 "고놈이 고놈 아니냐"는 식으로 대꾸한다. 투표해야 국민 무서운 줄 안다고 하면 "기자들이 잘 감시하고 있는 거 아니야?"라는 식으로 나오기도 한다. 그럴 때마다 하루하루 밥벌이로 바쁜 그들이 나에게 무언가 중요한 것을 위탁하고 있다는 생각이 든다. 책임감을 느낀다.

  기자 생활을 하며 나는 과분한 칭찬과 박수를 받아봤다. 내게 박수 쳐주던 사람들이 한순간에 돌아서서 손가락질하는 일도 겪어봤다. 내 기사를 공유하던 정치인이 나를 비난하고 공격하는 일도 있었다. 이런 경험이 쌓이고, 시청률로 평가받는 앵커가 되고 난 후 받는 가장 큰 유혹은 어느 한쪽에 서라는 것이다. 어느 한쪽에 서는 것. 그것은 쉬우면서도 이익이 보장된 길이다. 어떤 게 옳은지 고민할 필요가 없으니 쉽고, 늘 어느 한쪽의 편을 드니 언제나 내게 박수 쳐주는 무리가 생긴다. 상대편의 공격을 받더라도 나 역시 내 편이 있으니 두려워할 필요가 없다. 나를 따르는 무리만큼 나에게는 영향력이 따를 것이다. 명성도 얻게 될 것이다. 어쩌면 돈이나 권력까지 얻을 수도 있다. 이 모든 것을 거머쥐는 사람들을 나는 봐왔다.

너도 그들처럼 명성을 얻고 싶으냐고 묻는다면, 솔직히 그렇다고 답하겠다. 돈이나 권력은 아니더라도, 나도 명성을 얻고 싶다. 사람들이 내가 쓰는 기사를, 내가 하는 뉴스를 더 많이 봐줬으면 좋겠다. 하지만 그들처럼 하겠느냐고 묻는다면, 나는 내 형제의 얼굴을 떠올릴 수밖에 없다. 그럴 수는 없다고 단호히 답할 수밖에 없다. 나는 언론이 어떠한 가치를 수호할 수는 있어도 특정 진영을 수호할 수는 없다고 생각한다. 어느 한쪽에 발을 딛고 서서 이쪽의 들보는 눈감아주거나 비호하면서, 반대편에게만 엄격한 잣대를 들이대서는 안 된다고 생각한다. 그것은 나에게는 좋겠지만, 내 형제에게는, 국민에게는 해악이다.

저널리즘 교과서에 나올 법한 말은 됐고, 그래서 너는 어느 쪽이냐. 이제껏 수없이 받아온 이 질문에 제대로 답할 기회가 생겼다. 주말 〈뉴스룸〉을 단독으로 진행하게 되면서, 앵커 고유의 시선과 생각을 담는 공간, 앵커 코너가 만들어진 것이다. 기자는 '기사'로 말한다고 했다. 드디어 오래 준비해온 대답을 꺼내놓을 수 있게 되었다.

◉

나의 첫 대답은 아이들이었다. 나는 늘 아이들 편에 서는 어른이 되고 싶었다. 내가 아이였을 때부터. 나도 모르게 오랫동안 품고 있던 옛 얼굴들이 새록새록 떠올랐다. 빨래골의 아이들이었다. 제일 먼저 삐뚤빼뚤한 단발머리가 보였다. 빨래골에서도 달과 가장 가까운 곳에서, 엄마 아빠 없이 할머니와 살던 언니. 언니의 어설픈 머리는 할머니의 작품이었다. 언니에게는 장애가 있는 동생도 있었는데, 동생 손을 잡고 슈퍼 앞에서 진을 치고 있는 날이 많았다. 빵이라도 사서 나오는 아이를 마주치면, 한입 달라고 떼를 쓰려는 것이었다. 우리가 아무리 저리 가라고 고함을 쳐도 언니는 내민 손을 거둬들이는 법이 없었다. 그 언니는 어떻게 자랐을까?

우리집 문을 똑똑 두드렸던 꼬마의 얼굴도 떠올랐다. 멀리 일하러 간 아버지가 사놓고 간 라면이 똑 떨어져 어젯밤부터 아무것도 못 먹었다던 꼬마. 우리집에도 어른은 없었지만, 누나랍시고 냉장고 속 반찬을 잔뜩 꺼내 한상 차려줬었다. 그뒤로도 꼬마는 종종 우리집 문을 두드렸는데, 다들 지금 어디서 무얼 하며 살고 있을까? 그리고 이제 배고픈 아이들은 다 사라졌을까? 나는 그게 궁금했다.

취재를 시작한 뒤, 사라졌을 줄만 알았던 옛 얼굴들을 다시금 마주하게 됐다. 나라는 발전했고, 복지 정책도 좋아졌지만, 작은 물고기가 성긴 그물을 빠져나가듯, 복지망이 맥없이 놓쳐버리는 아이들은 여전히 존재했다. 몇 끼를 내리 굶어봤다는 아이, 편의점에서 2+1 컵라면만 사먹었다는 아이, 라면이라면 이제 신물이 나 굶어 죽으면 죽었지 안 먹고 싶다는 아이, 보글보글 끓인 김치찌개가 먹고 싶다는 아이, 먹고 싶은 음식을 한참 동안 말하는 아이, 딸기가 너무 먹고 싶은데 누나가 한 알만 사주면 안 되냐는 아이. 나는 아이들의 목소리를 마이크에 한껏 담아와 사람들에게 들려주었다. 지금까지는 모르고 살았지만, 이제는 알게 된 사람들이 아이들의 편에 서주길 바라면서.

동시에 아이들을 대신해 정부에 따져 묻기도 했다. 왜 아직도 배고픈 아이가 사라지지 않은 건지, 이렇게밖에 먹일 수 없는 건지, 이게 최선의 정책인지를. 당장 예산을 늘리지 못하더라도, 아이들의 식탁을 나아지게 할 방법은 분명 있었다. 나는 그 방법을 제시하기도 했다. 정부가 어서 움직여주길 바라는 마음이었다.

아이들 밥, 나라가 안 먹인다면 나라도 먹이겠다며, 일찌감치 아이들의 편에 서준 어른들에게는 힘껏 스포트라이트를 비췄다. 아이라면 누구나 와서 눈치보지 않고 배불리 먹을 수 있는 푸드트럭과 형편이 어려운 아이들에게 식당을 하면 밥을, 꽃집을 하면 꽃을, 안경집을 하면 안경을, 학원을 하면 강의를 제공하며 '선한영향력가게'란 이름으로 뭉친 사장님들이 있었다. 큰 박수 소리, 빛나는 조명 없이도 아이들의 끼니를 챙겨온 분들이었다. 나는 그들에게 힘찬 박수 소리가 쏟아지길 바랐다. 그들이 스스로를 자랑스러워할 수 있도록, 또 정부가 부끄러워서라도 더 빨리 움직일 수 있도록.

기사가 나간 뒤, '몰랐다' '너무 무관심했다' '정부가 어서 나서달라'는 반응이 터져나왔다. 나라를 대신해 나섰던 어른들에게는 박수가 쏟아졌다. 더디지만 정책도 조금씩 보완됐다. 여기까지는 내가 예상했고, 기대했던 일이었다. 하지만 내가 전혀 예상하지 못해 기대할 수 없던 일도 일어났다. 푸드트럭에 기부금이 쏟아진 것이다. 기사에 기부처를 써둔 것도 아니었는데, 기부금을 보내온 사람이 무려 천 명이 넘었다. 푸드트럭 어른들은 동화 같은 일이 일어났다며, 내게 통장 내역을 건넸다. 거기에는 보내는 사람의 이름을 바꿔 보내온 짧은 편지들이 가득 담겨 있었다.

적어서죄송합니다
전재산이에요돈벌면

> 애기들간식에보태
> 학생이라적은돈
> 다음엔더크게

선한영향력가게에 동참하는 사장님도 폭발적으로 늘었다. 코로나로 자영업자들 곡소리 난다, 폐업하는 가게가 급증하고 있다는 보도가 나오던 와중이었다. 어안이 벙벙했다. 이런 일을 어떻게 설명할 수 있을까. 그저 누군가 지어낸 동화 같았다. 세상은 아름다운 곳이라고, 그러니 힘껏 살아보라고, 아이들에게 희망과 용기를 주기 위해 꾸며낸 동화 말이다.

한 번도 만난 적은 없지만, 언제나 안부가 궁금했던 아이들의 편에도 섰다. 부모 없이 보육원에서 자라나는 아이들. 그 아이들은 어떻게 어른이 되고 있을까? 누가 이 아이들의 홀로서기를 돕고 있을까? 그 답을 알았을 때, 나는 어둠을 떠올릴 수밖에 없었다. 빛 한줌 들어올 틈 없는 완벽한 어둠을.

열여덟. 홀로 서라고 하기에는 너무나 가혹한 나이지만, 그들은 만 18세가 되면 떠밀리듯 사회로 나가야 했다. 그때부터는 보호가 종료됐다고 해서 '보호종료아동'이라고 불렸다. 자립정착금 500만 원을 손에 쥐고 나온 아이들은 그 돈마저 쉽게 빼앗기곤 했다. 퇴소날 찾아와 "이제 같이 살자"고 해놓고는 돈만 홀라당 가로채는 어른이 많았다. 이들에게는 참 쉬웠다. 사기를 당하는 것이, 범죄에 노출되는 것이, 나쁜 일자리를 전전하는 것이, 그리고 죽음에 잠식당하는 것이.

내가 만난 아이들은 쉽게 죽음을 입에 올렸다. 보육원에서 퇴소한 뒤 누구보다 열심히 살아가던 형이 작년에 목숨을 끊었다는 이야기, 보육원에서 친하게 지내던 언니가 자해를 일삼다 결국 세상을 등졌다는 이야기, 보호종료아동 중에는 이렇게 자살하는 사람이 많다는 이야기, 누가 죽었다는 얘기를 한 달에 몇 번은 듣는다는 이야기, 퇴소날 찾아온 아버지에게 결국 돈만 빼앗기고 빈털터리로 쫓겨났을 땐 자신도 죽으려 했다는 이야기.

그들에게는 죽음이 너무나 가까이 있었다. 하지만 자살하는 보호종료아동이 한 해 몇이나 되는지, 자해하거나 우울감을 호소하는 아동은 몇이나 되는지, 아무도 알지 못했다. 퇴소 후 5년간은 정기적으로 연락하며 홀로서기를 돕는 자립지원 전담요원이 있지만, 한 사람이 맡아야 하는 아동 수가 너무 많아 자립을 돕기는커녕 살았는지 죽었는지 파악하는 것조차 쉽지 않았다. 전담요원과 일대일로 맺어지는 영국에서는 보호종료아동이 집을 계약하러 가면, 전담요원이 같이 집을 보러 가줄 정도로 밀착 관리한다. 우리도 그렇게 할 수는 없는 걸까? 모든 것은 예산의 문제였다. 이쪽의 지원을 늘리면 저쪽의 지원은 쪼그라든다. 이쪽도 저쪽도 모두 지원이 간절하다. 어느 쪽을 더 지원할 것인가? 이 거대한 물음표 앞에서 나는 가만히 생각했다. 모두의 출발선이 같을 수는 없겠지만, 그래도 태어났다면, 어느 부모 밑에서 어떻게 태어났든 한 번쯤은 힘껏 뛰어볼 수 있게 해줘야 한다고. 이런 집에서 태어났다니 이번 생은 운이 안 좋았네요, 라는 식으로 대할 수는 없다고.

나는 이 취재를 하며, 그 어느 때보다 명성을 바랐다. 아이들로부터 시설에서 당한 '학대'에 대한 이야기를 들었을 때는 더욱 그랬다. 그들을 대신하는 내 목소리가 컸다면, 그래서 내 목소리가 더 멀리 더 우렁차게 퍼졌다면, 예산을 집행하고 법을 만드는 사람들이 화들짝 놀라 움직였을 텐데. 그러면 정말 좋았을 것이다.

동시에 그 어느 때보다 감사하기도 했다. 나의 작은 목소리에도 귀기울여준 사람들이 있던 것이다. 보호종료아동이란 존재 자체를 모르고 살았다며, 이제라도 할 수 있는 일을 하겠다는 연락이 쏟아졌다. 작은 회사를 운영하고 있는데 숙식이 제공되는 일자리를 제공하고 싶다, 대학교 학비를 벌기 위해 콜센터에서 일한다는 그 아이에게 장학금을 주고 싶다는 연락 등이 이어진 것이다. 이런 관심 덕분인지, 정부도 지원을 늘렸다.

보도 이후 수년이 지난 지금, 아직 갈 길은 멀지만 작은 변화들이 생겼고, 이제 이들은 보호종료아동이 아닌 '자립준비청년'으로 불리고 있다.

◐

나는 계속해서 답했다. 내가 누구 편인지에 대해서. 나는 이야기했다. 빨래골의 맹학교에서 만났던 어린 시절 친구들에 대해, 그들의 눈이 되어주는 안내견에 대해, 학대당한 아이들에 대해, 그 아이들을 사랑으로 품어준 위탁부모들에 대해, 불을 끄다 희귀암에 걸린 소방관에 대해, 코로나 시대를 살아가는 장애인에 대해, 수십 년 넘게 실종된 딸을 찾아다니는 아버지에 대해.

나는 이들의 편이었다. 한 번도 뉴스의 주인공으로 진지하게 여겨지지 않던 사람들의 편. 나는 그들에게 마이크를 쥐여주고, 스포트라이트를 비춰주었다. 그 어느 때보다 온 마음을 다해 취재하고 기사를 썼다.

눈에 띄는 성과는 없었다. 큰 인기를 끌지도, 시청률을 견인하지도 못했고, 앵커로서 명성을 얻지도 못했다. 실망하진 않았다. 다 알고 한 일이었다.

내가 그때 다른 편에 섰다면 어땠을까? 그 어느 때보다 뜨거웠던 진영 싸움을 등에 업고 시청률도 올리고 명성도 얻을 수 있었을까? 종종 생각해본다. 내가 얻지 못한 것을 떠올릴 때마다, 내가 얻은 것도 떠오른다. 나는 오랜 꿈을 이뤘다. 도봉도서관에서 신문을 넘겨보던 그 옛날 나의 꿈은 펜으로 세상을 바꾸는 것이었다. 그 꿈으로 수많은 실패를 견뎠다. 마침내 기자가 돼 펜을 들게 됐을 땐 드디어 세상을 바꿀 수 있게 됐다고 기뻐했지만, 시간이 흐르고 연차가 쌓이면서 나는 내가 틀렸다고 생각했다. 법을 만들고 예산을 집행하는 정치인, 새로운 기술과 제품을 만들어내는 기업인, 직접적으로 누군가를 돕는 사회운동가 등이 세상을 바꿀 수는 있어도 기자는 아니라고, 펜으로는 세상을 바꿀 수 없다고 생각하게 된 것이다. 그러나 그 생각 역시 틀린 것이었다. 내 보도는 미약하나마 분명 세상을 바꾸었다. 나만은 그 사실을 알고 있다. 이것은 오래도록 나의 명예가 될 것이다. 나는 명성 없는 명예를 얻었다.

주말 〈뉴스룸〉의 마지막 방송날, 4년 넘게 만나온 시청자들에게 이렇게 인사했다.

"지난 4년간 주말마다 여러분을 만나 뵐 수 있어 영광이었고, 감사했습니다. 〈한민용의 오픈마이크〉를 통해 보호종료아동 같은 이제껏 뉴스의 주인공으로 여겨지지 않던 소외된 목소리를 전했을 때, 여러분께서 보내주신 큰 관심과 지지, 잊지 않겠습니다. 시청자 여러분, 건강하시고 평안하십시오."

이 인사는 다시 기자로 돌아가는 내게 건네는 인사이기도 했다. 기자로 사는 동안 내가 지켜내야 하는 한 가지를 잊지 말자는 다짐. 그것은 명성 없는 명예였다.

TAKE 19 NEWS

매일 혼자 도시락 먹는 앵커

🎤 출근길, 내 손에는 두 개의 가방이 들려 있다. 하나는 노트북이 든 큰 가방, 하나는 도시락이 든 작은 가방. 그렇다. 나는 매일매일 도시락을 싸서 출근한다. 하지만 저멀리 회사 1층 회전문이 빙글빙글 돌아가는 것이 보이면, 살그머니 도시락 가방을 노트북 가방 안쪽으로 숨긴다. 뭐든 배달되는 시대에 도시락을 싸들고 다니는 사람은 주목받기 마련이니까.

"이거 뭐야? 도시락? 너 도시락 싸들고 다녀?"
언젠가 엘리베이터에서 내 도시락을 본 동료가 이렇게 말했을 때, 다른 층에서 근무하는 이름 모를 동료들의 시선이 일제히 내 도시락에 내리꽂히는 게 느껴졌다.

"배달의 민족이 웬 도시락?"

"앵커랑 도시락이라니 좀 독특한 조합이네."

"선배들이 밥 안 사주냐?"

이런 말들에 설명하자면 길기 때문에, 그냥 도시락을 숨기는 게 편하다. 그렇지만 누군가 나에게 "슬기로운 앵커 생활을 위한 당신만의 비법이 있습니까?" 묻는다면, 나는 주저 없이 "그럼요. 바로 도시락입니다"라고 답할 것이다. 그만큼 도시락은 나에겐 없어서는 안 될 존재인데, 어쩌다 우리가 이런 사이가 된 건지 설명하려면, 평일 〈뉴스룸〉을 맡은 뒤 내 하루가 어떻게 바뀌었는지부터 설명해야 한다.

기상 시각은 아침 7시. 일어나면 바로 짐을 싸서 헬스장으로 출발한다. 한 시간 정도 운동을 하고(이 과정은 꽤 자주 생략된다) 샤워를 한 뒤 9시까지 회사로 간다. 첫번째 회의는 오전 10시. 그전까지 조간도 읽고, 회의 준비를 한다. 오늘 뉴스에선 어떤 이슈를 가장 중요하게 다루면 좋을지 등 내 의견을 정리해두는 것이다. 오전 회의는 한 시간 좀 넘게 진행된다. 회의를 마치고 나와 잠시 숨을 돌리면 곧 점심시간. 다 같이 우르르 나가 밥도 먹고 커피도 한잔 마시고 나면 어느덧 석간이 나올 시간이다.

다시 책상에 앉아 석간을 읽고, 오전 동안 나온 이슈들을 챙겨 보며 내가 미처 생각하지 못했던 것은 없는지, 빠뜨린 부분은 없는지 점검한다.

특별한 일이 없다면 2시 반부터 시작하는 오후 회의에서 그날의 큐시트가 어느 정도 확정되기 때문에, 최대한 그전에 의견을 정리해두려 한다. 오후 회의가 끝나면 또 바로 분장 시간인데, 분장을 마치고 나면 마지막 회의가 기다리고 있다. 4시 반에 국장과 앵커 등 소수만 모여 최종 점검 성격의 회의를 하는 것이다.

이 회의까지 모두 끝나고 나면 '오프닝'을 쓴다. 방송사마다 가장 중요하게 생각하는 뉴스를 '톱', 그러니까 첫머리로 보도하는데, 오늘은 어떤 이슈를 톱으로 올릴 것인지만을 놓고도 한참 동안 회의가 이뤄지는 경우도 많으니 톱뉴스를 전하는 '오프닝'은 뉴스의 얼굴과도 같은 매우 중요한 시작이라고 할 수 있다. 그런 만큼 나는 오프닝을 쓸 때마다 머리를 싸맨다. 오프닝이 완성되고 나면 오늘 할 일은 다 한 것 같은 착각마저 들지만, 안타깝게도 이제 시작이다. 하루 평균 내가 진행하는 리포트는 열다섯 개. 그 기사들 역시 하나하나 봐야 한다. 취재기자들이 기사를 써서 넘기면 팀장과 부장 등이 데스킹(취재 내용을 재확인하며 기사를 다듬는 것)을 본다. 데스킹이 완료돼 출고되면 그때부터 내가 보기 시작하는데, 우리가 회의에서 강조하기로 한 부분이 앵커 멘트에 충분히 강조되어 있지 않거나, 반대로 너무 과하게 강조되어 있으면 상의하며 고쳐나간다. 앵커 멘트가 다소 밋밋해 기사를 살려주지 못하는 경우, 앵커 멘트에 너무 많은 내용이 담겨 있어 시청자의 주의를 분산시키는 경우, 반대로 앵커 멘트에 너무 많은 것이 생략돼 있어 시청자가 이해하기 어려운 경우 등도 있다. 그러면 앵커 멘트를 고치거나 아예 다시 써야 한다. 시간만 충분하다면 그리 어려운 일은 아니다. 하지만 열다섯 개의 리포트 모두 뉴스 시작 한 시간 정도를 앞두고 출고된다.

주말 〈뉴스룸〉을 4년 넘게 진행했으니 이골이 날 법도 한데, 확실히 주말 뉴스보다는 주중 뉴스에 중요하고 예민한 기사가 많다. 한 시간 안에 모든 기사를 꼼꼼히 볼 수는 없기 때문에 선택과 집중이 필요하지만 쉽게 포기되지 않는 날이 많다. 그러다 보니 뉴스 시작 시간을 코앞에 두고 헐레벌떡 스튜디오로 뛰어가는 날이 잦다. "선배 올라오고 있어요?" 이 전화를 받고 바로 올라가면 그래도 양반인데, "선배 진짜 올라와야 돼요!"라는 전화를 받고서야 올라가는 날도 꽤 있다. 며칠 전에도 "올라와야 된다고요!"라는 전화에 부리나케 달려가 마이크만 차고 바로 카메라 앞에 섰는데, 허둥지둥거리다 원고에 손을 다 베여 새하얀 스튜디오 책상에 시뻘건 피를 묻히는 사고를 냈다. 이런 날은 매를 맞아도 할 말이 없다.

　반대로 나는 여유로운데, 리포트 제작이 늦어져 우리가 정한 큐시트대로 뉴스가 진행되지 못하는 경우도 있다. 그럴 때면 부조(PD 등 제작진이 위치한 부조정실)가 난리 난다. 생방송 도중 뉴스 순서를 계속 조정해야 하기 때문이다. 그래도 다들 프로는 프로라 뉴스는 언제나, 대체로 무사히 끝난다. 이렇게 뉴스를 마치고 나면 밤 9시다. 기진맥진한 상태로 집에 가서 씻고, 다른 방송사 뉴스를 모니터하고 나면 벌써 잘 시간이다. 자고 일어나면 어제와 똑같은 하루가 반복된다……

　　　　　　　　　　　✲

　신경이 바짝 곤두선 채로 꼬박 한 달을 보내고 나니, 사람이 좀 변했다. '그럴 수도 있지' 하던 일에도 '어떻게 그럴 수가 있지?' 발끈하게 됐고, '그렇구나' 하고 들어주던 시간도 줄어들었다. 한마디로 예민해진 것이다. 그 사실을 인정하고 나자 머릿속에서 경고음이 울렸다. 4년 넘게 주말 뉴스를 진행하며 어떤 앵커가 좋은 앵커인지는 몰라도 어떤 앵커가 나쁜 앵커인지만큼은 분명히 깨우쳤기 때문이다. 예민한 앵커야말로 나쁜 앵커다.

앵커는 스포트라이트를 한몸에 받기 때문에 주인공으로 여겨지곤 하지만, 나는 앵커야말로 언제나 내가 아닌 남을 향해 레이더를 바짝 세워야 하는 존재라고 생각한다. 시청자를 중심에 두고 생각해야 하는 건 물론이고, 동료들의 이야기도 잘 들을 수 있어야 한다. 그래야 그 기사의 가장 빛나는 부분을, 기사의 의도를 해치지 않는 선에서 제대로 살려낼 수 있다. 그런데 예민하면 어떻겠는가. 남의 이야기를 들을 여유도, 남의 생각을 받아들일 유연함도 없다. 예민한 사람의 레이더는 언제나 남보단 자기 자신을 향하기 마련이다.

그때부터 도시락을 쌌다. 나인 투 나인 사이에서 한 시간이라도 나만의 시간을 가져야 이 예민함을 잠재울 수 있겠는데, 점심시간 말고는 도저히 짬을 내기 어려웠기 때문이다. 밤에 뉴스를 하고 집에 오면, 제일 먼저 냉장고 문을 열고 도시락 메뉴부터 정한다. 나는 면과 빵만 먹고 살고 싶은 지독한 '탄수화물파'지만, 표준 이하의 근육량을 갖고 있는 사람으로서 항상 메뉴에 단백질을 넣으려고 노력한다. 그나마 좋아하는 두부와 달걀이 단골 메뉴이다.

냉장고를 열어보니 된장찌개를 끓이고 남은 두부가 보인다. 역시, 오늘도 두부조림을 해야겠다. 우선 팬에 들기름을 듬뿍

두른다. 고소한 냄새가 솔솔 올라와 기분이 금세 좋아진다. 콧노래를 부르며 두부를 부친 뒤 양파도 얇게 썰어 같이 볶는다. 두부는 노릇, 양파는 투명해졌을 때, 다진 마늘과 총총 썬 파와 고추 등을 넣어 만든 매콤한 양념장을 붓는다. 양념이 골고루 배어들도록 뒤적거리며 천천히 조리면 완성이다. 거창한 요리는 아니지만, 밥과 함께 쓱쓱 비벼 먹으면 먹기도 편하고 속도 편하다. 이렇게 도시락을 만들면서, 도시락을 싸는 행위 그 자체도 나에게 큰 즐거움이 됐다.

말이 나온 김에 도시락 싸기의 즐거움을 꼽아보자면, 일단 냉장고라는 작지만 알찬 세계를 운영하는 것이 즐겁다. 도시락으로 싸 가기에 적합한 신메뉴를 개발하는 것도, 유튜브에 있는 여러 선생님들의 요리를 따라 해보는 것도 재미있다. 그리고 무엇보다 나에게 필요한 영양소를 따져가며 신선한 재료로 도시락을 만드는 것이 나 자신을 극진히 대접해주는 것 같아 좋다.

도시락은 오전 회의가 끝나면 바로 까먹는다. 15분이면 충분하다. 그러면 나는 바로 도시락 뚜껑을 덮고, 회사 문을 박차고 나온다. 날씨가 좋은 날은 무조건 밖으로 향한다. 이런 날씨에 걷지 않으면 정말이지 큰 손해다. 나는 언제나 우리 회사가 서울 모퉁이에 자리하고 있는 게 불만이었는데, 도시락을 싸서 다닌 뒤부턴 참 만족스럽다. 널따란 공원이 회사 바로 옆에 자리하고 있고, 조금만 더 걸어나가면 한강공원과도 연결돼 있기 때문이다.

오늘도 나는 아름드리 나무 아래를 정처 없이 걷는다. 이어폰은 없다. 내 산책의 목적은 세상의 소리를 듣는 데 있기 때문이다. 바람이 불어오는 소리, 나뭇잎이 흔들리는 소리, 산책 나온 강아지의 작은 발톱이 흙길에 닿는 소리가 들려온다. 그중에서도 내가 가장 좋아하는 소리는 두런두런 대화하는 사람들의 목소리이다. 오늘은 운이 좋아 꽤나 재미있는 이야기를 들을 수 있었다. 이제 막 백일을 넘긴 아기를 키우는 젊은 부부의 이야기.

아빠는 아기를 안고 산책을 나왔다고 했다. 아기는 봐야겠고 좀은 쑤셔서, 아기를 품에 안고 밖으로 나온 것이다. 그런데 깜빡하고 아기 띠를 가져오지 않았다. 아빠는 '별일 있겠어?' 하는 마음으로 한강을 거닐었다. 그런데 세상에 나온 지 백일밖에 안 된 아기에게는 꽤나 험난한 산책길이었던 모양인지 왈칵 토를 해버렸다. 그런데 아빠가 어떡하지 고민하기도 전에, 맞은편에서 걸어오던 아저씨가 마치 기다렸다는 듯 바지 주머니에서 휴지를 뭉텅이로 꺼내 건네줬다는 것 아닌가.

"그 왜, 스타벅스 같은 데서 주는 갈색 휴지 있잖아. 그게 뭉텅이로 나왔다니까?"

그러자 아내가 묻는다. "그게 뭐?" 그러게. 그게 뭐 대수인가. 다시 남편이 말한다. "아니, 생각해봐. 누가 바지 주머니에 그렇게 휴지를 많이 넣고 다니느냐고. 미스터리지. '아이쿠. 감사합니다, 선생님. 그런데 왜 이렇게 휴지를 많이 들고 다니세요?' 묻고 싶은 걸 꾹 참았어. 근데 아직도 궁금하단 말이야." 그러네. 듣고 보니 진짜 희한하네.

"그게 뭐야. 정말 엉뚱해!" 아내가 남편의 어깨를 찰싹 때리고는 꺄르르 웃는다. 아무래도 이 부부는 누군가에게 아기를 맡기고 간만에 둘만의 시간을 보내느라 낙엽 굴러가는 소리에도 웃음이 나는 것만 같다.

◆

읏차. 이제 일어나야겠다. 아저씨는 왜 바지 주머니에 그토록 많은 갈색 휴지를 넣어가지고 다녔는가…… 풀리지 않는 미스터리에 대한 이야기를 듣는 사이 어느새 점심시간이 끝나버렸다. 이제 돌아갈 시간이다. 그런데 걸을 때마다 자꾸만 '갈색 휴지 미스터리'가 떠오른다. 세상에 이런 무해한 미스터리만 존재한다면 얼마나 좋을까. 내가 다루는 미스터리는 대개 고약한 것들이다. 피식피식 새어나오는 내 웃음소리엔 한결 여유로워진 마음이 묻어난다. 머리도 몰캉몰캉 부드러워진 게 어떠한 틀에도 갇히지 않고 유연하게 답을 찾아낼 수 있을 것만 같다. 그리고 다시 다른 사람의 이야기를 귀기울여 들을 힘도 난다.

참 희한한 일이다. 왜 뉴스의 소리에서 잠시 벗어나야만 뉴스를 더 잘할 수 있는 것일까. 그 역시 '미스터리'이지만, 오늘 내가 뉴스를 잘할 수 있을 것 같다는 느낌만큼은 확실하다. 이게 다 도시락 덕분이다.

책, 괜찮은 동료

🎤 내 글을 보고, 나도 도시락을 싸서 다녀야겠다고 다짐한 분이라면 궁금하실 수도 있을 것 같다. 날이 너무 덥거나 춥거나(대개 그렇다), 비가 오면 산책 대신 무엇을 하는지. 나는 주로 책을 읽는다. 책을 읽는 삶과 읽지 않는 삶에는 큰 차이가 있다고 믿는 편이기 때문이다. 어쩌다 이런 신념을 갖게 됐는지 이야기하자면 이렇다.

기자를 하다보면 어릴 적부터 막연히 동경하던 사람, 혹은 남들이 매우 대단하다고 찬양하는 사람과 직접 만나 연을 맺을 기회가 생긴다. 무척이나 설레는 일이지만, 안타깝게도 그 관계는 '변했네'라는 말과 함께 실망으로 끝나는 경우가 적지 않다. 그가 변한 건지, 그를 바라보는 내 눈이 변한 건지는 모르겠지만, 여하튼 나는 그럴 때마다 생각했다. 아무리 뛰어난 사람도 시대를 뛰어넘을 수는 없나보다……

물론 모두가 그렇다는 말은 아니다. 세월의 흐름 속에서도 전혀 녹슬지 않고 계속해서 반짝거리는 사람도, 드물지만 분명 존재했다. 저들은 무엇이 다른 것일까? 어떻게 하면 저들처럼 될 수 있을까? 그들의 반짝거림은 질문이 되어 돌아왔다. 그리고 햇살이 유독 반짝이던 어느 날, 나는 한 사람을 통해 힌트를 얻을 수 있었다.

그 사람은 우리나라에서 똑똑한 사람은 다 모여 있다는 법조계에서도 '최고'라고 칭송받는 사람이었다. 그런 그와 대화를 하게 됐을 때, 나는 꽤나 기대했다. 많은 사람의 말처럼, 그에게는 반짝거리는 특별함이 있을 거라고, 어쩌면 그로부터 녹슬지 않는 법을 배울 수도 있을 거라고 생각한 것이다. 그러나 그는 나에게 적지 않은 실망만을 안겼다. '왜 저런 말을 하지?' 싶은 말을 꽤 한 것이다. 그는 자기가 하는 말이 다른 사람에게 어떻게 들릴지 전혀 모르는 사람 같았다. 안하무인이라기보다는, 자신과 다른 생각을 가진 사람은 없을 거라는 굳은 확신을 갖고 있는 것처럼 보였다. 그와의 대화가 끝나갈 때쯤엔 어쩌면 그의 사전에는 '남(=나와 다른 존재)'이란 단어 자체가 없는 것일지도 모르겠단 생각마저 들었다. 반짝거림을 잃어버린 사람, 내 눈에는 그가 그 전형이었다.

"이런 말을 하면 '네까짓 게?'라고 생각하실지 모르겠지만, 저는 그분이 좀……"
언젠가 나의 실망감을 다른 법조인에게 털어놓으니, 그는 단박에 이렇게 호응했다.
"아, 무슨 말인지 알겠어요. 그러니까, 어느 순간부터는 책 한 권 읽지 않은 사람 같죠."
책! 바로 그거였다, 책. 분명 활자를 읽는 것으로는 대한민국에서 그를 따라올 자가 없을 것이다. 그가 얼마나 많은 법전과 판결문, 수사기록을 읽었겠는가. 하지만 법전과 책은 다르다. 책 읽기란 내가 아닌 남이 되어보는 것이었다. 나는 결코 하지 않을 생각으로 가득찬 다른 사람의 머릿속을 걸어보고, 내가 절대 살아볼 수 없는 세계에서 잠시나마 숨을 쉬어보며, 내가 쌓아둔 높다란 장벽을 허물고 나의 영토를 확장시켜나가는 것. 모두 책을 통해서만 할 수 있는 일이다.
그날부터 숙제하듯 책을 읽기 시작했다. 원래도 책을 좋아하는 편이긴 했지만 책을 읽어야 하는 강력한 이유가 더해진 것이다. 고된 하루를 보낸 날에도 '아아, 이상한 할머니만은 되고 싶지 않아' 하며 30분이라도 책을 읽고 잠자리에 들었다. 언제나 나는 무언가가 되고 싶다는 생각보다는, 무엇만큼은 되고 싶지 않다는 생각으로 움직이는 사람이었다. 편독도 멈췄다. 그전까지 내 책장에는 거의 소설만 꽂혀 있었다. 20대 초반까진 미스터리와 추리소설이 가득했고, 그뒤로는 해외고전과 SF소설이 자리를 차지했다. 현실도피를 하고 싶을 때마다 책을 찾다보니 그렇게 되었다. 지금도 떨쳐버리고 싶은 하루를 보내고 온 밤에는 SF소설을 펼치곤 하지만, 이제 내 책장에는 꽤나 다양한 분야의 책들이 자리잡고 있다. 평생 읽을 일 없다고 치부해온 과학 분야의 책까지 꽂혀 있는데, 의외로 나와 아주 잘 맞는다.

오늘도 도시락을 야무지게 까먹고, 회사 근처 카페에서 카를로 로벨리의 『나 없이는 존재하지 않는 세상』(쌤앤파커스, 2023)을 펼쳤다. 이탈리아 물리학자가 쓴 양자역학에 대한 책인데, 나는 양자역학을 매우 좋아한다. 물론 이해하지는 못한다. 이해하지 못하니 매우 좋아할 수도 있는 거라고 생각한다. 이 책을 읽는 건 이번이 벌써 세번째인데, 앞서 이해하지 못했던 부분은 이번에도 이해하지 못한 채로 넘어가고, 감탄했던 부분에서는 또 박수를 친다. 말이 나온 김에 내가 매번 박수를 치는 부분을 소개하고 싶다. 바로 '우리는 어떻게 볼 수 있는 것인가'에 대한 이야기다(이 책에서 내가 거의 유일하게 완벽히 이해한 부분이기도 하다).

우리는 보통 눈이 본 것을 뇌로 전달해 우리가 무언가를 볼 수 있는 것이라고 생각하기 쉽지만, 실제로는 그 반대라고 한다. 그러니까 눈→뇌가 아니라, 뇌→눈이라는 말이다. 뇌가 먼저 이제까지의 경험과 이미 알고 있는 사실(여기엔 오해와 편견도 빠질 수 없다) 등을 바탕으로 '이런 게 보이겠군' 하고 예견되는 상을 만들고는 눈으로 전달한다. 당연히 뇌가 예견한 이미지와 눈이 본 실제는 일치하지 않을 것이다. 그러면 불일치한 정보만이 다시 뇌로 전달되는데, 놀라지 마시라. 뇌는 '필요한 경우'에만 그것을 바로잡는다고 한다. 오락실이 틀린 그림 찾기로 내 코 묻은 동전을 털어갈 수 있던 비결이 여기 있었다. 세상에 오해와 편견이 넘쳐나는 이유도.

책을 덮고 다시 회사로 돌아가는 길, 새삼 내 머릿속을 의식하게 된다. 지금 내가 걷고 있는 이 길이 내 눈에는 어제와 다를 바 없어 보이는데, 정말 그런 것일까? 사실은 저 꽃은 어제와 비교도 안 될 만큼 활짝 피어났고, 저 수풀에는 새끼 고양이들이 볕을 쬐며 낮잠을 자고 있는데, 내 뇌가 그저 '어제와 똑같음' 하고, 눈에서 보내오는 불일치한 정보를 무시해버리고 있는 것은 아닐까? 나는 걸음을 멈추고, 주변을 찬찬히 둘러본다. 하지만 새로 보이는 것은 없다. 내가 무언가를 볼 때, 심지어 제대로 보고 싶어 유심히 관찰할 때조차, 실재를 있는 그대로 볼 수 없을 거라는 생각은 나를 한참 동안 멈춰 서 있게 했다.

매일 걷는 거리에서도 매일 새로운 점을 발견해내는 사람이 되고 싶다. 그러면 좀더 괜찮은 앵커, 괜찮은 동료, 괜찮은 사람이 될 수 있을 것 같다. 운이 좋으면 귀여운 할머니가 될 수도 있겠다. 정말 운이 좋으면 말이다.

TAKE 21　　　　　　　　　　　　　　　　　　　　　　　NEWS

후쿠시마 현장에서 뵙겠습니다

후쿠시마행 비행기는 연착에 연착을 거듭했다. 원래대로라면 새벽 1시엔 후쿠시마 숙소에 도착했어야 하지만, 결국 새벽 6시에나 도착하고 말았다. 지금이라도 한숨 푹 자고 일어나 저녁 뉴스 진행을 준비하면 좋으련만, 나는 대충 샤워만 한 채 바로 짐을 꾸려 나와야 했다. 오늘은 1인 2역, 그러니까 기자와 앵커 역할 모두를 해야 하기 때문이다.

"뉴스의 현장에서 뵙겠습니다."

개편 티저 영상에서 나는 이렇게 말했다. 뉴스도 결국 방송

프로그램이기 때문에 개편 때마다 나름의 콘셉트를 잡는데, 이번엔 '현장'이었다. 처음 콘셉트를 들었을 땐 현장에 가는 것이 '나'인 줄은 몰랐다. 앵커가 직접 현장을 취재하고 뉴스를 진행하는 것이 해외에서는 특별한 일이 아니지만, 우리나라에선 아주 드문 일이기 때문이다. 세월호 참사 당시 손석희 앵커가 팽목항에서 진행한 것 정도가 기억난다. 그런데 그런 드문 일을 '콘셉트'로 잡고 자주 하자고 하니, 당황스러울 수밖에 없었다. 아무래도 내가 기자 출신인데다, 타사 메인앵커들에 비하면 많이 젊은 편이기 때문에 나온 기획 같았다.

시작은 '서현역 흉기 난동 사건'이었다. 20대 남성 최원종이 차를 몰고 인도로 돌진해 사람들을 치고는, 백화점으로 들어가 분풀이하듯 흉기를 휘둘렀다. 사상자는 모두 14명. 분당 최대 번화가에서, 퇴근 시간대 벌어진 일이었다. 누구든 피해자가 될 수 있었다. 도시는 순식간에 공포에 휩싸였다. 오전 회의에서 현장 진행을 하는 것으로 결정났다. 그러자 누군가 "이왕 하는 거, 진행만 하지 말고 앵커가 직접 취재해 리포트를 만들자. 그래야 현장성을 더 살릴 수 있지 않겠느냐"고 했다. 모두들 좋은 의견이라고 동의했다. 그러자 또 누군가 "현장 진행도 처음인데 그것까지 하다 과부하 걸리면 방송사고가 날 수도 있지 않겠느냐"며 걱정했다. 모두들 그것도 그렇다고 고개를 끄덕였다. 순식간에 공은 나에게 돌아왔다. 길게 고민할 시간은 없었다.

"해볼게요."

내가 해보기로 한 것은 순전히 내 연차 탓이었다. 언제부터였을까, 일정 연차가 넘어가니 회사가 더이상 나에게 새로운 일을 주지 않았다. 이제껏 시켜본 결과, 제일 잘했던 일만 계속해서 맡기는 것이다. 강점이 있어 조직에서 나름의 쓰임이 있다면 좋은 일이다. 또 잘하는 걸 계속하면 나도 편하다. 하지만 동시에 채워넣는 것 하나 없이, 이제껏 쌓아둔 알량한 무언가를 계속해서 빼 쓰고만 있다는 위기감이 느껴졌다. 이러다가는 언젠가 텅 비어버리고 말 것 같다. 그러니 어쩌다 새로운 일이 주어지면 넙죽 받아들일 수밖에 없다. 나는 그게 뭐든, 채워넣고 싶은 사람이니까.

"괜찮겠어? 그러다 방송 망치면 너만 욕먹을 수 있어." 한 선배가 걱정스레 물어왔다. 괜히 새로운 일 해보겠다고 나섰다가 망쳐버리면, 이제껏 쌓아둔 평판까지 깎아먹고 망할 거라는 걱정. 딱 이런 이유로 연차가 찰수록 새로운 일에 도전하기 주저하게 되지만, 사실 엄밀히 따지면 망하는 건 회사지(어지간하면 회사도 안 망한다), 회사원이 아니다. 그렇게 생각하면 마음이 편해진다. "괜찮아요. 이번에 못하면 다음엔 안 내보내겠죠."

그때부터 현장 진행을 하는 날은 1인 2역을 소화하게 됐다. 그런데 문제는 실제로 해보니 생각보다 훨씬 어려웠다는 것이다. 앵커로서 스튜디오가 아닌 현장에서 진행하는 것만으로도 준비해야 할 것이 많았다. 우선 상황에 맞춰 오프닝과 클로징을 써야 했고, 이미 모든 동선을 짜놓은 스튜디오가 아니기 때문에 제작진과 맞춰봐야 할 것도 적지 않았다. 거기에 더해 기자로서 취재하고 리포트도 제작해야 하니 몸이 두 개라도 부족했다. 게다가 갑자기 나를 홱 밀치고 카메라 앞에 서서 "여러분, 이게 다 법이 ×같아서 그래요! 다 사형시켜야 돼!" 하며 소리지르는 사람도 막아내야 했다(실제 있던 일. 그는 생방송인 줄 알고 뛰어 들어왔지만, 실전처럼 하는 최종 리허설중이라 십년감수했다).

첫 현장 진행을 마친 뒤엔 진이 다 빠져 밥 한 숟가락 넘길 힘도 없었다. 하지만 평가는 좋았다. 나도 피해자가 될 수 있었다는 공포, 허무하게 목숨을 잃고 만 피해자에 대한 깊은 연민, 인간의 탈을 쓰고 끔찍한 범죄를 저지른 가해자를 향한 거센 분노, 현장의 공기에는 사람들이 느끼는 모든 감정이 녹아 있었다. 그저 그 자리에 서 있는 것만으로도 그 감정이 전해졌고, 우리가 느끼는 만큼 뉴스에도 묻어났다.

오늘의 뉴스도 분명 그래야 한다. 현장이 물씬 묻어나야 한다. 그것을 위해 해외 현지 진행에 도전하는 것이니까.

"한앵커, 괜찮아?"

대충 머리까지 말리고 호텔 1층으로 내려오니, 나보다 먼저 후쿠시마에 와 있던 PD 선배가 걱정스러운 목소리로 물었다.

"네, 8시는 온다!"

'8시는 온다', 내가 만든 구호다. 아무리 힘든 현장도 저녁 8시 땡 치기만 하면, 신데렐라의 호박마차처럼 사라지고 만다. 한마디로 끝이 있는 전력질주인 것이다. 오늘도 8시는 올 것이다. 그러면 나는 "시청자 여러분, JTBC〈뉴스룸〉을 시작하겠습니다"라고 인사하고, 곧 모든 것이 끝나게 될 것이다. 그전까지 우리의 미션은 두 가지. 하나, 오염수 방류 당일의 현지 분위기를 취재하고 리포트로 제작할 것. 둘, 오늘 뉴스를 진행할 장소를 물색할 것.

"아무래도 바다 앞에서 해야 할 것 같아서 부두 한 곳을 찾아봤는데, 서울에서 사진을 보더니 후쿠시마인지 월미도인지 모르겠다며 다른 곳 찾아보라고 하더라고. 아, 나도 어디서 해야 할지 고민돼서 밤 꼴딱 새웠어."

선배가 조금은 주눅든 목소리로 핸드폰을 쓱 내밀었다. 시커

먼 밤바다가 찍혀 있었다. 어딘지 말해주지 않으면 정말 월미도인지 후쿠시마인지 모르겠는 풍경이다. "이야 이거, 딱 월미도네." 내가 놀리듯 말하자 선배도 웃음을 터뜨렸다. 하지만 우리 모두 알고 있었다. 여러모로 웃을 수 없는, 쉽지 않은 하루가 되리란 것을.

일단 우리는 후쿠시마 원전을 향해 달렸다. 도로 곳곳에는 방사능 수치를 알려주는 전광판이 설치돼 있었다. 그곳에 표시된 숫자들은 이 정도면 살아도 안전하다고 외치고 있었지만, 그와 매우 대조적으로 도로는 텅 비어 있었다. 뻥 뚫린 도로를 쌩쌩 내달리며, 우리를 스쳐지나가는 전광판의 개수를 셌다. 하나, 둘, 열, 스물…… 세는 것을 포기했을 때쯤, 견고한 철제 펜스가 별안간 나타나 우리를 막아섰다.

귀환 곤란 구역. 원전과 약 3킬로미터 떨어져 있음. 사람이 들어갈 수 없음.

나는 펜스를 등지고 서서 마을을 내려다봤다. 한눈에 들어오지 않는 저 넓은 땅 모두, 사람이 살아도 되는 곳이라는 뜻이었다. 하지만 마을 곳곳은 여전히 텅 비어 있었다. 그날 이후 아무도 찾지 않은 건지, 폐가도 쉽게 찾아볼 수 있었다. 내 허리까지 자란 풀을 헤치고, 한때 누군가의 소중한 보금자리였을 폐허를 들여다봤다. 지붕은 다 무너져 있었고, 창문은 모두 깨져 있었다. 깨진 창 틈 사이로는 가죽이 너덜너덜해진 소파와 그 옆에 나뒹구는 토끼 인형이 보였다. 어린아이도 살던 집이었던 것이다.

일본 정부는 오염수 방류가 시작된 오늘이 후쿠시마 부흥의 신호탄이 되길 염원하고 있었다. 고향을 떠난 주민들이 다시 돌아오길 바라며 새집을 지어주기도 했다. 이른바 '부흥 주택'. 나는 그곳도 찾아갔다. 고향으로 돌아온 주민들의 생각을 듣고 싶었기 때문이다. 하지만 그곳도 휑하기는 마찬가지였다. 생활의 흔적이 묻어 있는 집은 몇 곳 되지 않았다. 그중 한 곳의 문을 두드리자, 머리가 하얗게 센 남성이 놀란 얼굴로 문을 열어주었다. 동행한 현지 코디네이터가 일본에서는 즉석 인터뷰가 흔치 않아 잘 응해주지 않을 거라고 미리 설명해준 터라 거절당할 각오를 하고 있었다. 더군다나 한국 취재진의 인터뷰 요청이니, 더욱 껄끄러울 수 있는 상황이었다. 하지만 내 예상과 달리 그는 흔쾌히 우리를 집안으로 들였다. 그의 이름은 시가. 후쿠시마에서 나고 자란 토박이이자, 다시 고향으로 돌아온 몇 안 되는 사람 중 한 명이었다.

"어민은 아니지만, 저 역시 방류에 반대합니다."

이 말을 시작으로 그는 왜 방류에 반대하는지, 원전사고 당시 무슨 일이 있었는지, 그날 이후 자신의 삶이 어떻게 흘러갔는지에 대해 꽤 오랫동안 이야기했다. 이제 할 말을 다한 건지 그의 침묵이 길어질 때쯤, 우리는 시간을 내주어 고맙다고 인사를 했다. 그러고는 짐을 꾸리는데, 등뒤로 "시간 괜찮으면 차 한잔하고 가라"는 시가 씨의 목소리가 들려왔다. 그제야 나는 그가 왜 흔쾌히 인터뷰에 응해줬는지 알 수 있었다. 외로웠던 것이다. '시간이 없어 죄송하다'는 말로 그의 차 대접을 거절하곤 불편한 마음으로 다음 취재 장소로 이동하는 길, 오염된 흙을 옮기는 장면을 보았다. '후쿠시마 부흥 기념 공원'을 짓기 위한 작업중이라고 했다. 큰 트럭들이 바쁘게 움직이며 연신 뿌연 흙먼지를 일으켰다. 그 사이로 차를 권하던 시가 씨의 얼굴이 피어올랐다.

"벌써 3시네."

선배 말에 화들짝 놀라 시계를 보니 정말 그랬다. 일본 주민들의 이야기를 듣고 후쿠시마의 곳곳을 촬영하다보니 시간이 훌쩍 지나버렸다. 이제는 정말 뉴스를 진행할 장소를 찾아야 할 때였다. 제작진은 후쿠시마 곳곳을 훑었고, 나는 달리는 차 안에서 기사를 썼다. 하지만 이런 노력이 무색하게도 우리가 가는 곳마다 이곳은 이래서, 저곳은 저래서 뉴스를 진행하기에 적합하지 않았다. "하아……" 우리는 깊은 탄식을 내뱉었다. 모름지기 방송국 노동자라면, 수많은 어려움을 탄식 하나로 털어버리는 법을 깨우쳐야 했다.

"이제 뉴스 시작 세 시간 전이네. 이러다 방송사고 나겠는데…… 그냥 바다에서 찍자고 하자."

선배는 결국 바다를 밀어붙였다. 대신 묘수를 냈다. 오전에 오염수 방류 시간에 맞춰 특파원이 빌려 타고 나갔던 배, 그 배 주인에게 사정해 우리 뉴스 하는 동안만 바다에 세워달라고 한 것이다. 일본어가 적힌 배가 배경으로 자리잡고 있으면, 월미도로 보이진 않을 거라는 계산이었다. 선배는 캄캄한 밤바다에서도 보일 수 있도록 배 조명을 밝혀달라는 부탁도 잊지 않았다. 배 주인도 오케이. 서울에서도 오케이 사인이 떨어졌다.

이제 뉴스 시작 두 시간 전. 나는 재킷을 벗어 뒤집어쓰고는 리포트 더빙을 했다. 그래야 비교적 잡음이 덜 들어간다. 더빙 파일을 서울로 쏘고 편집을 봐주기로 한 후배에게 전화를 걸어 '이런 영상을 찍어왔으니 이 문장에는 그 장면을 쓰면 된다'

고 설명도 마쳤다. 이로써 리포트는 끝. 서둘러 오프닝과 클로징 멘트 작성에 들어갔다. 뉴스 시작 첫 장면은 아무래도 '풀샷'으로 현장을 보여줘야 할 것이고, 그다음에는 바다를 쭉 훑어주는 '무빙'이 들어갈 것이다. 뉴스의 장면들을 상상하며, 거기에 맞게 오늘 왜 후쿠시마 현지에서 뉴스를 진행하는지, 오늘이 우리에게 어떤 의미가 있는지를 차분한 어조로 써내려갔다.

◐

"한앵커, 오프닝 원고 나왔으면 우리 카메라 한번 맞춰보자!"

뉴스 시작 한 시간 전, 차 밖에서 선배의 목소리가 들려왔다. 나는 이미 소진됐지만 뉴스는 이제부터 시작이었다. 현장 진행하는 날은 모두가 예민하지만, 오늘은 유독 그랬다. 현장은 그 어느 때보다 열악했고, 해외다보니 통신이 갑자기 뚝 끊기는, 우리가 어쩔 수 없는 자연재해 같은 위험도 도사리고 있었다. 그렇지만 우리의 일은 언제나 과정이 아닌 100% 결과만으로 평가받는다. 시청자에게 "오늘 여기가 좀 열악하네요."라고 변명할 수는 없다. 동아리 방송반이 아니고 어엿한 방송국이니까. 그런데 어떻게 이럴 수가. 차에서 내리자, 사방에서 불어오는 바람에

눈을 뜰 수가 없다. 머리칼이 이리저리 바람이 불어오는 대로 휘날리며 눈을 가린다. 끼이이익, 끼이잇. 바람 소리에 맞춰 기이한 소리도 들려온다. 세워둔 조명이 부두의 거친 시멘트 바닥에 끌리며 나는 소리다. 그때 한 스태프가 흡사 계주 달리기를 하듯 뛰어와 "선배애애애 여기요!!!!!!!" 배턴 터치하듯 무언가를 건넨다. 스프레이다. 나는 유명한 '똥손'이지만 오늘만큼은 내 두 손으로 머리를 고정해야 한다. 분장실 선생님들이 함께 오지 못한 탓이다. 기동력을 위해 인력도, 짐도 최소화했다. 취이이익 취이이익. 나는 여름밤 단잠을 깨운 모기를 기필코 잡으려는 사람처럼 마구 스프레이를 뿌려댔다. 거울도 보지 않은 채(거울이 없었다). 그런데 그때, 또 어딘가에서 비명이 터져나온다.

"어어어어! 조명 쓰러진다!!!"
조명이 깨지면 정말 큰 사고다. 아이고, 나는 그 꼴 못 본다. 두 눈을 질끈 감았다.
"나이스 캐치!!!!!!"
선배의 십년감수한 목소리가 들려와 눈을 뜨니, 카메라 삼각대를 잡고 있던 스태프가 스파이더맨처럼 한쪽 팔을 뻗어 조명을 잡고 있었다. 아, 이게 다 무슨 일인가. 다리에 힘이 풀린다. 잠깐 쪼그려 앉아야겠다. 내가 뒷걸음질치자 선배가 다시 고함을 친다.

"야야야 뒤로 가면 안 된다! 바다야!!!!!"

뒤를 홱 돌아보니 한 발자국 뒤가 바로 바다였다. 어두워 잘 보이지 않았다. 나는 다시 앞으로 몇 발자국 걸어나와 주저앉았다.

"왜 그래, 어지러워? 잠도 못 자고 밥도 못 먹어서 당 떨어지나보다. 누가 먹을 것 좀 던져줘."

선배의 말에 누군가 초콜릿을 던져줬다. 갑자기 10년도 더 된 일이 떠오른다. 하리꼬미 시절, 그때도 이렇게 한숨도 못 자고 일했는데. 밥 먹을 시간에 10분이라도 자고 싶어 초콜릿으로 대충 때우고. 하지만 그때는 20대 초반이었고, 지금은 30대 중반이다. 혈당 스파이크를 유발하는 행위는 매우 위험하다. 더군다나 나는 '당뇨 전 단계'란 말이다.

차마 초콜릿을 먹지는 못하고 손에 꼭 쥔 채 마음을 가다듬으려 심호흡을 하는데, 눈이 부시다. 눈이 너무너무 부시다. 실눈을 뜨고 보니 우리가 하루종일 타고 다닌 승합차가 헤드라이트를 희번덕거리며 나를 향해 있다. 저건 또 뭐야……?

"조명이 부족해서…… 왜, 눈부셔?"

선배가 멋쩍게 말한다. 나는 이 극단적인 열악함과 기발함에 그만 웃음이 터지고 말았다.

"자, 스탠바이. 10분 뒤 들어갑니다!"

'10분 콜'에 초콜릿 껍질을 빠르게 벗겨 한입에 털어넣었다. 그때 인이어로 서울팀의 소리가 들려왔다.

"한앵커, 멘트 그래도 외워서 할 거지?"

나는 고개를 끄덕였다. 짐을 최소화하느라 가져오지 못한 것 중에는 프롬프터도 있었다. 나는 40시간째 깨어 있고, 하루종일 쫄쫄 굶었지만, 앵커 멘트를 모두 외워서 소화해야 한다.

"그래, 잘 외우잖아. 잘해보자. CM 들어갑니다."

광고 소리가 들려왔다. 몇 개의 광고가 지나고 나면 정말 시작이다. 나는 속으로 자기최면을 걸었다. 정신 차려! 너는 프로야. 프로처럼 하자. 나는 양손으로 가볍게 두 뺨을 톡톡 쳤다.
"마지막 CM입니다. 시보 스탠바이. 후쿠시마 인!"

뉴스는 무사히 끝났다. 그저 뉴스를 한 것일 뿐인데도, 여기

저기서 포옹이 이어졌다. 조명이 쓰러지지도 않았고, 내가 앵커멘트를 갑자기 잊어 멍하니 카메라만 바라보는 일도 없었으며, 돌연 통신이 뚝 끊기는 사고도 없었다. 경축, 무사고! 감격이다. 하지만 감상에 젖을 시간은 없었다. 후쿠시마에는 저녁 늦게까지 하는 식당이 맥도날드 한 군데뿐인데 그마저도 곧 문을 닫는단다. 우리는 부리나케 짐을 싸서 맥도날드로 향했다. 햄버거 세트에 너깃까지 와구와구 입에 쑤셔넣으니 살 것 같다. 나보다 먼저 햄버거 하나를 해치운 선배가 그제야 위로의 말을 건넸다.

"너니까 했지. 못 하겠다고 안 하고. 고생했다. 다음엔 우리 그냥 못 한다고 하자."

나는 양볼 가득 햄버거를 문 채 고개를 끄덕였다. 하지만 다음에도, 그다음에도 나는 새로운 일이 주어질 때마다 "해볼게요"라고 했다. 계속 채워넣고 쌓아가고 싶었기 때문이다. 설사 그것이 '우당탕탕'일지라도 말이다.

전 국민이 심사위원인 서바이벌 프로, 선거방송

방송가에 서바이벌 프로그램은 못해도 중간은 간다는 속설이 있다. 서바이벌 프로가 예능국도 아닌 보도국과 무슨 상관인가 싶겠지만 우리에게도 몇 년에 한 번 서바이벌이 허락되는 날이 있다. 바로 선거날. 4년마다 돌아오는 국회의원 선거와 5년마다(나라에 불운이 드리우면 앞당겨지기도 한다) 찾아오는 대통령 선거 때다. 나름 우리나라에서 한가락 한다는 사람들이니 캐릭터 좋고, 다들 진심으로 목숨걸고 싸우는데다가, 전 국민이 심사위원이니 사실 스케일로는 따라갈 프로가 없다. 게다가 서바이벌의 백미 '팀 대결'도 기가 막힌다. 한 명이 크게 사고를 치면 수십 명이 우수수 탈락할 수 있는데, 그 과정에서 다양한 인간 군상을 볼 수 있다. 나는 어릴 적부터 조별과제라면 딱 질색이었고 커서도 같이 일하는 것보단 혼자 일하는 걸 선호해왔기 때문에, 팀 대결 보는 걸 아주 좋아한다. 내가 못하는 것, 하기 싫은 것을 누군가 멋지게 해내거나 나처럼 쩔쩔매는 걸 보면 재밌을 수밖에 없으니까.

선거철이 다가오면 방송가는 묘하게 들뜨다 급기야 선거날 단 하루를 위한 투자를 쏟아붓는다. 온갖 CG와 AI를 활용해 에스파 춤을 추는 대선 후보를 만들어내고, 이미 세상을 떠난 대통령들까지 구현해낸다. 우리나라처럼 아담한 나라에선 투표 종료되고 몇 시간 후면 절로 나올 선거 결과를 조금 더 먼저 예측해주겠다고 수십억을 들여 출구조사도 한다. 가끔은 시청자들이 이런 우리의 노고를 알아줄까 의문도 들지만, 적어도 나는 아주 재밌게 보고 있다.

〈슈퍼스타 K〉부터 〈흑백요리사〉까지 이제껏 내가 손에 땀을 쥐며 본 모든 서바이벌 프로를 다 합쳐도 나에겐 선거방송만 못하다. 이렇게 선거를 좋아하는 만큼 언젠가 한 번쯤은 선거방송을 제대로 해보고 싶다고 생각했는데, 내 바람을 신이 들었던 걸까. 2024년 4월 10일, 제22대 국회의원 선거방송을 아주 제대로 하게 된다.

꽃샘추위가 기승을 부리던 3월의 어느 날. 스튜디오에서 선거방송을 총괄하는 선배와 마주쳤다. 이번 선거방송을 위해 〈주기자가 간다〉로 맹활약한 주현영씨를 섭외했다더니, 현영씨와 함께 유튜브에 올릴 선거방송 홍보영상을 찍고 있었다.

"어 그래, 민용아. 너 잘 마주쳤다. 곧 정식으로 회의를 하겠지만, 우리 선거방송은 1부부터 네가 할 거야. 힘있게 쫙 끌고 가는 거지. 메인앵커가, 끝까지."

선배는 현영씨에게 시선을 고정한 채, 별거 아니란 투로 말했다.

"아이, 그래요."

나도 선배처럼 현영씨를 바라보며 별거 아니구나, 받아들이며 답했다. 그녀는 연기자답게 원고를 탁월하게 소화하고 있었다.

"와, 확실히 연기자는 다르네요. 근데 선배, 이번엔 1부가 오후 6시 시작이에요?"

"그치? 잘하지? 아니 오후 4시."

나는 그제야 현영씨에게서 시선을 거두고, 선배를 바라봤다.

"그럼 마지막 부는 몇시까지인데요?"

선배의 시선은 여전히 현영씨에게 고정돼 있었다.

"일단은 새벽 3시까지로 생각하고 있는데, 더 길어질 수도 있지."

개표가 늦어지면, 편성을 쭉 밀고 선거방송을 계속할 거란 뜻이었다. 아마 그렇게 될 것이다. 선거방송이 정해둔 시간에 칼같이 끝나는 것은 본 적이 없었다.

"잠깐만요. 그럼 거의 열두 시간인데…… 열두 시간을 쭉 다 제가 해요?"

별거 아니란 선배의 말투에 깜빡 넘어갈 뻔했다. 내가 깜짝 놀란 토끼 눈을 하고 따지듯 묻자, 선배도 그제야 나와 눈을 맞췄다.

"메인앵커가 늘 그렇게 했지. 다른 데도 다 그렇게 하고."

아니다. 그런 적은 없었다.

"아니에요, 선배. 분명 제가 주말 앵커일 때는 저도 같이 하고……"

선배는 내 말을 황급히 잘랐다.

"PD도, 장표앵커들도, 스태프들도 다 그렇게 할 거야."

아니 굳이 왜……

"교대 없이 쭈우욱."

'쭉'을 강조하는 선배의 눈은 어딘가 움푹 들어간 듯했다. 피부는 내가 본 중에 가장 까칠했다. 선거방송 준비하느라 눈코 뜰 새 없이 바쁘다더니……

"알겠어요."

나는 큰 저항 없이 '열두 시간 방송'이라는 살인적인 일정을 받아들이고야 말았다. 방송을 잘 아는 선배가 이런 스케줄을 짰다면 분명 무슨 이유가 있으리라.

"그래 민용아, 해보자! 아, 이렇게 마주친 김에 너도 같이 찍자. '엇 현영씨 여긴 무슨 일이에요? 선거방송?! JTBC 선거방송 많관부~' 이런 느낌으로."

선배의 목소리는 어쩐지 한결 홀가분했다. 나는 연기라면 질색이지만, 고분고분 선배의 말을 따랐다. 선배에겐 언제나 그런 독특한 힘이 있었다. 절대 하지 못할 것 같은 일도 거뜬히 해내게 만드는 힘.

현영씨가 찍은 홍보 영상이 유튜브에 올라갈 만큼 선거가 성큼 다가왔을 때, 나는 내 발연기가 통편집되었다는 사실과 함께, 내가 아직 이렇게 큰 무대에 설 준비가 되어 있지 않다는 것을 깨달았다. 회사 입장에선 너무나 많은 자본과 시간을 투자한 무대였다. 이렇게 큰 무대에, 그토록 오래, 그것도 대본도 없이 설 수 있을까? 방송을 보는 시청자들은 잘 모르겠지만, 사실 선거방송은 날것에 가깝다. 투표가 끝나기 전까지는 우리가 미리 준비해둔 대로 갈 수 있지만, 투표가 마감되는 저녁 6시부터는 상황에 맞춰 방송도 흘러가야 한다. "그게 재미지!"라고 말하는 앵커도 있겠지만, 그것도 다 스스로 흡족할 만큼 잘해야 재밌는 것이다.

준비만이 살길이었다. 일단은 후보들부터 숙지해야 한다. 대통령 선거는 결국 두 명의 싸움이 되는 경우가 많지만, 총선은 300석을 두고 수백 명이 싸운다. 그러다보니, 미안한 말이지만 '저 사람 누구지?' 갸우뚱하게 되는 후보도 있다. 당선이 확실시돼 급히 연결했는데 '저 사람 누구더라. 뭐 물어봐야 하지?' 상태에 빠지면 큰 사고다.

또 중요한 게 '박진감'이다. 서바이벌 프로를 일반 뉴스처럼 진행해선 안 될 일이다. 특히 관건은 오후 6시까지 긴장감을 한껏 끌어올리는 거다. 6시 땡 치면 두구두구두구— 선거방송의 하이라이트, 어느 당이 최대 몇 석을 가져갈지 JTBC만의 예측조사 결과를 발표하기 때문이다. 우리로선 상당한 예산을 투자한 예측이고, 이걸 보려고 우리 방송을 보는 시청자도 많은 만큼 박진감 넘치게 진행해주어야 한다. 이 밖에도 갑자기 연결이 끊어진다거나, 선거 결과에 따른 이런저런 돌발 상황을 상상하며 어떻게 대응할지 시나리오별로 대비하는 것도 필요하다. 이런 준비를 하루하루 착실히 이어나갔는데, 아무래도 돌발 상황에 대한 상상이 지나쳤던 건지 선거가 다가올수록 다양한 악몽에 시달려야 했다. 투표 결과를 발표해야 하는데 갑자기 인어공주처럼 목소리를 잃고 카메라 앞에서 입만 뻐끔뻐끔한다든지, 스튜디오로 가야 하는데 거인들이 막아서서 방송에 크게 지각하고 만다든지 하는 악몽. 말하고 나니 악몽이라 부르기 좀 민망하지만, 꿈이란 게 늘 그런 것 같다. 제아무리 심각한 꿈이어도 깨고 보면 유치하기 짝이 없다.

○

대망의 선거 D-7. 제작진과 선거TF가 모인 회의실에선 여러 우려와 해결책이 오갔다.

"열두 시간 서 있을 수 있겠어?"

"간이의자를 가져다주자. 틈틈이 계속 앉을 수 있게."

"당선자 인터뷰는 누굴 하게 될지 몰라. 모르는 사람이 걸릴 수도 있는데 어쩌지?"

"그건 걱정하지 마. 앵커도 준비하겠지만, 나도 도울 테니."

"목이 나가면 어떡하지?"

"물을 계속 가져다줘야겠다."

"밥도 못 먹을 텐데."

"아 그건 좀! 다 큰 어른인데 열두 시간은 굶을 수 있겠지."

"자, 이제 어느 정도 정리된 것 같다. 앵커는 하고 싶은 얘기 없어? 필요한 거나 궁금한 거나 뭐든 말해봐."

가만 듣고 있던 나는 그제야 가장 현실적인 걱정을 꺼냈다.

"저 그럼…… 화장실은 어떻게 가요?"

모두의 얼굴에 '아하!' 하는 느낌표가 떠올랐다. 방송을 하면 마이크를 차야 하고, 마이크를 차면 내가 내는 모든 소리가 부조정실로 생생하게 전파되기 때문에 잘못하면…… 큰 망신을 당할 수 있다.

"화장실 가고 싶을 때 말해. 마이크 빼줄게."

✿

2024년 4월 10일. 드디어 투표날이 밝았다. 유권자들은 투표소로, 나는 선거방송을 위한 대형 특설 스튜디오가 마련된 일산으로 향했다. 제일 먼저 할 일은 의상 갈아입기다. 오늘은 의상색에도 신경을 써야 한다. 특정 정당을 상징하는 색을 입으면 괜한 오해를 산다. 그런데 문제는 생각보다 우리나라에 많은 정당이 존재한다는 것이다.

"종교 지도자 같은 색을 또 입었구나."

결국 새하얀 옷을 입고 부조로 가자 한 선배가 웃으며 반겨줬다. 내가 흰옷만 입으면 종교 지도자 같다고 하는 사람이다. 선배의 말투엔 여느 때처럼 웃음기가 녹아 있지만, 입은 웃고 있지 않다. 오늘만큼은 선배도 긴장하고 있는 것이다. 부조를 빠져나와 이번엔 선거 때면 등장하는 골방으로 향했다. 기자들이 모니터 앞에 옹기종기 모여 앉아 있다. 투표율, 득표율 등 실시간으로 집계되는 숫자들을 확인하고 입력하는 게 이들의 임무인데, 이들이 숫자를 잘못 입력하면 나도 잘못 읽을 수밖에 없다.

"오늘 특별히 잘 부탁드립니다!"

이곳저곳을 돌며 인사를 하고 스튜디오에 들어가니 평소엔 마주칠 일 없는 동료들이 한데 모여 있었다. 맨 왼쪽에는 오늘 토크를 담당할 정치 유튜브팀과 평론가들이, 그뒤에는 지역구별로 누가 이기고 있는지 실시간으로 전해줄 장표앵커들이 보였다. 평소 내가 뉴스를 하는 상암동 스튜디오에도 AI로 선거 결과를 예측하는 팀과 전문가들이 자리하고 있었다. 나는 그들과 인사를 나누고 스튜디오 정중앙에 위치한 큰 무대 위로 껑

충 올라섰다. 상암 스튜디오에 있을 땐 그래도 나름 믿음직한 앵커였던 것 같은데, 여기서도 그럴 수 있을까.

"10분 남았습니다. 스탠바이."

내가 떨리든 말든, 준비가 돼 있든 말든, 오후 4시는 어김없이 찾아왔다. 평소 뉴스에선 볼 수 없던 화려한 레이저 조명이 무대 위를 비추고, 글렌체크의 경쾌한 음악이 흘러나왔다. 이제, 정말 시작이다.

"앵커 인!"

하나, 둘, 셋…… 여섯, 일곱, 여덟. 내 보폭으로 여덟 발자국. 내가 서야 할 위치다. 힐끗 아래를 내려다보며, 내 위치를 표시해둔 스티커를 찾는다. 발아래 스티커가 보인다. 서야 할 곳에 제대로 섰다.

"멘트 큐!"

"JTBC 22대 총선 개표방송. 〈2024 우리의 선택, 로그인〉을

시작합니다. 안녕하세요, 한민용입니다!"

 순조로운 출발이었다. 한 시간 동안 그 어떤 사고도 없었다. 팽팽한 긴장감에 변주를 준 건 나였다.
 "저……"
 "어어 앵커, 무슨 일이야?"
 "화장실 다녀올 시간이 될까요?"
 "벌써? 10분 안에 다녀올 수 있어? 그럼 지금 바로 가고."
 "10분, 네."
 "자, 한앵커 화장실 간답니다. 마이크 내려주시고, 앵커 없으니 토크 계속 이어가주세요. 한앵커, 화장실 갔다 오면 왔다고 바로 말해줘요!"

 내가 있고 없고를 모두가 알아야 하니 당연한 조치였지만, 아무래도 좀…… 민망하다. 화장실까지 꽤 거리가 있어 후다닥 뛰어 다녀오니 한 후배가 건조한 목소리로 "앵커 화장실 다녀왔습니다" 하고 모두에게 나의 화장실 소식을 전파했다. 그 순간 나는 다짐했다. 앞으로 열두 시간 동안 절대 물을 마시지 않으리…… 나 자신과의 작은 싸움을 아무도 모르게 벌이는 사이 어느새 6시가 코앞으로 다가왔다.

"자자, 집중. 한앵커, 잘 들어. 지금 예측조사 결과가 나왔어. 다 불러줄 순 없고 핵심만 말하면……"

이번 선거의 핵심은 범야권이 200석을 넘느냐 마느냐였다. 선거 초반만 해도 민주당에서 친이재명계만 공천을 받는다는 '비명횡사 논란'이 일면서 여당 분위기가 좋았는데, 윤석열 대통령의 '대파 논란' '런종섭 논란' 등이 잇달아 불거지며 정권 심판론에 불이 붙었다. 이번에도 '여소야대'는 확실했고, 오직 범야권이 200석을 넘기느냐 마느냐만이 관전 포인트였다. 그렇게 되면 대통령의 임기를 단축하는 개헌도 가능하고, 대통령의 탄핵안도 통과시킬 수 있기 때문이다. 급기야 여당도 '선거 이기게 해달라'가 아니라 '개헌 저지선(101석)만이라도 지켜달라'고 호소했는데, 선배가 인이어로 불러준 숫자는 꽤나 파격적이었다.

내가 특별히 어느 정당이 이기기를 바랐다는 뜻은 아니다. 나는 권력이 누구 손에 쥐어지든 부패하기 마련이라고 믿는다. 나에게 권력은 '기대'의 대상이 아니라 '감시'의 대상이다. 오늘 밤 어느 쪽이 이기든, 심지어 내가 투표하지 않은 쪽이 이기더라도 나는 진정으로 그가 실패하지 않고 성공하기를 기원한다. 국가가 발전하고 국민이 평안하길 바라기 때문이다.

"한앵커, 우리 예측조사 꼭 6시에 들어가야 되는 거 알지? 6시 안 되면 내가 콜 줄게. 적당히 애드립으로 시간 끌어줘야 돼."

예측조사 결과를 투표 종료 전에 발표하면 큰일이다. 투표에 영향을 줄 수 있기 때문이다. 그렇다고 너무 늦어져도 안 된다. 우리의 목표는 5시 59분 50초까지 긴장감을 끌어올린 뒤 10초 카운트다운에 들어가는 것이다.

"122석, 가장 많은 의석이 걸린 수도권의 승자는 누가 될까요!"
"여야의 텃밭 영호남의 선택, 이번에는 어느 쪽일까요?"
"캐스팅보트를 쥔 충청과 강원, 그리고 제주의 표심은 어디로 향할까요?"

원래 이다음은 "JTBC 예측조사 결과, 지금 바로 카운트다운 들어갑니다!"라고 해야 했는데, 인이어로 간절한 목소리가 들려왔다.

"한앵커, 안 돼⋯⋯ 아직 안 돼⋯⋯ 좀만 더 끌어줘."

"JTBC 예측조사 결과, 30초가 더 남은 상황……"

"시간 됐다! 앵커 목소리 내리고, 바로 카운트다운 큐!"

고새 30초가 흘렀나보다. 내 목소리는 중간에 잘렸고, 바로 카운트다운에 들어갔다. 내 앞에 설치된 모니터가 양당 지도부의 표정이 담긴 화면으로 바뀌었다. 나도 저들만큼 긴장한 얼굴이겠지. 째깍거리는 소리와 함께 숫자가 바뀔 때마다 그저 내가 우리 선거방송의 하이라이트를 끝까지 잘해내기만을 간절히 빌었다.

10, 9, 8, 7…… 3, 2, 1.

"JTBC 예측조사 결과! 민주당이 22대 국회에서도 제1당, 과반 의석을 확보할 것으로 예측됐습니다. 지역구 비례 모두 합쳐서 민주당 최소 168석에서 최대 193석! 국민의힘 최소 87석에서 최대 111석으로 예측됐습니다!"

각 정당이 지역구에선 몇 석, 비례에선 몇 석을 얻을 것으로 예측되는지, 권역별로 짚어보면 또 어떤지를 상세히 설명하고,

지상파 3사의 출구조사 결과까지 전했다. 다행히 큰 실수는 없었다. 그렇다고 클린 히트를 친 기분은 아니었다. 내 목소리가 좀더 우렁차고 힘있었다면 좋았을 것이다. 이럴 때면 늘 뒷맛이 씁쓸하다. 그때 인이어로 선배의 목소리가 들려왔다.

"잘했어! 가장 큰 고비였는데, 무사히 잘 넘겼다."

선배의 말 덕분에 혀끝에 남은 씁쓸함은 좀 가셨지만, 그뒤로 우리가 잡아둔 큐시트가 와르르 무너져내리며 입이 바짝바짝 말랐다.

"국민의힘 쪽 섭외됐어?"
"지금 안 됩니다!"

예측 결과를 보면, 국민의힘 쪽 섭외는 쉽지 않아 보였다.

"민주당은? 민주당도 아직?"
"선배, 민주당 됐어요!"
"오케이, 거기부터. 한앵커, 민주당!"

밤이 깊어가며 당선이 확실시되는 후보가 잇따라 등장했고, 섭외되는 족족 즉석에서 인터뷰를 진행해야 했다. 대체로 내가 잘 알고 있는 후보들이었지만, 누군가 안에서 뭘 물어야 하는 상황인지 빠짐없이 전달해주었다. "네가 당황하는 일 없도록 해줄게." 듬직하게 말했던 선배가 약속을 지킨 것 같았다. 오늘은 돌발 행동을 하는 후보도 없었다. 평소에는 불편한 질문을 하면 인터뷰 안 한다고 하는 정치인도 더러 있지만, 오늘만큼은 다들 겸손한 모습이었다.

"자 자, 지금까지 아주 잘했어. 이제 좀만 더 힘내면 돼. 벌써 절반이나 했다."

시계를 보니 밤 10시를 지나고 있었다. 어느덧 방송을 시작한 지 여섯 시간이 지났다. '컵에 물이 반이나 남았네'와 '물이 반밖에 안 남았네' 사이에서 후자를 강요받은 나에게 한 컵 가득 담긴 커피가 도착했다. 잠 깨라며 선배가 보내준 것이었다. 내가 화장실 이슈 때문에 마시기를 거부하자 선배는 말했다.
"마셔. 한앵커 화장실, 내가 어떻게든 책임지고 가게 해줄 테니까."
이렇게 요상하게 감동적인 말은 태어나 처음 들었다. 나는 좀 뭉클해진 마음으로 아이스 아메리카노를 쪽쪽 빨아 마셨다. 호랑이 기운이 솟아나는 것만 같았지만, 약발은 그리 오래가지 못했다. 자정을 넘기자 목이 점점 잠겨왔고, 무엇보다 다리가 아파 서 있기 힘들었다. 계속해서 다리를 접었다 폈다 하는 나를 본 스태프가 무대 뒤편에 펴둔 간이의자를 무대 위까지 가져다주었다. 잠시라도 틈이 나면 앉아 쉬라는 것이었다. 한입에 쏙 들어가는 초콜릿도 한 움큼 가져다주었다.

"선배 이거 먹으면서 앉아 있어요. 장표앵커들이 전국 판세 한 번 돌릴 거라 시간은 충분해요."

졸지에 중앙 무대에 앉아 초콜릿을 까먹으며 동료들이 방송하는 모습을 지켜보는 호사를 누리게 됐다. 누군가 방송하는 걸 이렇게 가까이에서 지켜본 건 처음이었다. 마침 오른편에서 후배들이 실시간 전국 판세를 짚어주고 있었.

"자, 이 시각 대전에선 어느 후보가 이기고 있을까요?"

화면에는 대전의 명소 성심당을 상징하는 빵 그림과 함께 득표율이 띄워졌다. 화면에 맞춰 판세를 읊는 후배의 목소리는 밝고 힘찼다. 하지만 시청자는 보지 못할 그의 얼굴은 그렇지 않았다. 모니터에 뜬 숫자를 행여 놓칠까 목을 쭉 빼고 눈을 부릅

뜨고 있던 것이다. 마치 거북이 같기도 하고, 부엉이 같기도 한 모습. 나는 입안에서 초콜릿을 굴리며 저 혼종을 뭐라고 부르면 좋을지 골똘히 생각했다. 거북부엉? 거북엉? 재치 있는 이름을 기가 막히게 지어내는 사람들이 있는데 나는 늘 이런 데 젬병이다. 그것을 뭐라 부르든, 중요한 건 나와 똑같은 모습이라는 점이었다. 수많은 동료가 각자의 자리에서 고군분투하며 저마다의 싸움을 하고 있었다. 그 치열한 한순간 한순간이 모여 거대한 선거방송을 만들어나가고 있었다. 조명 아래에만 거북부엉이가 존재하는 것도 아니었다. 조명이 비추지 않는 부조, 골방, 그리고 나의 화장실을 체크하고 내게 초콜릿을 건네주는 무대 뒤편에도 존재했다.

'파이팅!' 어느덧 자기 차례가 끝난 거북부엉이가 내 시선을 느꼈는지 중앙 무대를 향해 오른 주먹을 불끈 쥐어 보이며 입을 뻐끔거렸다. 그 파이팅에는 '저 잘해냈어요. 이제 선배 차례예요. 선배도 잘해낼 거예요'라는 의미가 담겨 있었다. 나는 후배에게 손을 흔드는 것으로 화답했다. 그 손짓에는 '정말 잘했어! 나도 잘해볼게. 그동안 한숨 돌리고 있어'라는 의미가 담겨 있었다. 입꼬리가 올라갔다. 어깨는 한결 가벼워졌다. 마음이 이제야 기댈 곳을 찾은 것만 같았다. 그렇다. 서로가 서로를 믿고

의지하지 않으면 도저히 해낼 수 없는 큰 무대였다. 강렬한 조명이 다시 나를 비추었다. 자, 이제 다시 내 차례다. 아랫배에 단단히 힘이 들어갔다.

◐

그날 방송은 당초 계획보다 더 오래, 새벽 5시쯤에야 끝이 났다. 나는 생전 처음 서보는 큰 무대에서 오들오들 떨었지만, 한 사람은 결코 두 사람을 이길 수 없다는 당연한 법칙을 새삼 깨달았다. 같이 하는 것보단 혼자 하는 게 편하다고 생각해왔지만, 혼자서 해낼 수 있는 것은 그다지 많지 않았다. 오늘밤 다른 거북부엉이가 없었다면 나는 화장실조차 가지 못했을 것이다. "잘하고 있어" "조금만 더 버티자" "힘내" 등 동료들이 건네는 다정한 말들도 나를 붙들어주었다. 동료들의 격려와 응원이 없었다면 나는 방송을 끝까지 못 해냈을지도 모른다. 그날 밤 나를 좀더 괜찮은 앵커로 만들어준 것은 동료들의 응원이었다.

선거방송이 끝나고 집으로 돌아가는 택시 안. 새벽의 텅 빈 도로를 쌩쌩 내달리며 나는 이제까지 어떤 동료였을까? 힘을 주는 동료였을까 생각했다. 오늘 내가 받았던 것 같은 따뜻한 응원과 격려를 해준 적은? 떠오르는 장면이 없었다. 그러니까 나는 잘했을 때 잘했다고 하는 사람이지, 잘하라고 잘했다고 하는 사람은 아니었던 것이다. 그런데 사실 격려와 응원은 팩트가 아닌 판타지에 기반을 두고 있는 것 아닌가. 나도 힘을 주는 동료가 되고 싶다. 내일부턴 꼭 그러리라 다짐하며 스르륵 잠자리에 들었다.

겨우 몇 시간 눈을 붙이고 일어난 것인데, 어째선지 새사람이 된 기분이었다. 같이 사는 후배(=남편)에게 열세 시간 마라톤 방송 끝의 깨달음을 말해주려 입을 떼려는데, 그가 한발 빨랐다.

"어제 많이 긴장했어?"

"아니, 조금. 왜?"

"네가 화장실을 유독, 너무 자주 갔다고 하길래."

……어떤 거북부엉이가.

"긴장한 건 아니었구나. 그런데 얼마나 자주 갔길래 그러지?"
……나는 하려던 말을 삼킨 채 유유히 출근길에 올랐다.

TAKE 23　　　　　　　　　　　　　　　　　　　　　　　　NEWS

비상계엄

　　역사는 두 번 반복된다. 한 번은 비극으로, 한 번은 희극으로.

계엄군이 국회 창문을 깨고 군홧발로 국회에 난입하던 그때, 왜 하필 이 문장을 떠올렸는지 모르겠다. 45년 만에 반복된 계엄이 희극으로 끝날 수 있다는 게 도무지 믿기지 않아서였을지, 아니면 부디 희극으로 끝나길 간절히 바라서였을지.

12월 3일, 그리 특별한 날은 아니었다. 윤석열 대통령·김건희 여사의 공천 개입 의혹을 밝힐 핵심인물 명태균씨가 구속

기소되긴 했지만, 여전히 명씨의 휴대전화가 오리무중인 만큼 새롭게 드러난 사실은 없었다. 이른바 '명태균 게이트'도 벌써 석 달째 이어진 뉴스였고, 연말로 접어들면서 대중의 관심은 뉴스를 떠난 듯했다. 연말이면 으레 뉴스 소비가 줄어든다. 나로서는 아쉽기 그지없지만, 그런 나조차도 뉴스를 마치고는 크리스마스캐럴을 들으며 연말 분위기에 흠뻑 젖어 집으로 돌아왔다.

거실에는 그제 설치한 크리스마스트리가 반짝반짝 빛나고 있었다. 설치할 땐 힘들었지만 역시 보기 좋다는 생각을 하며 어젯밤 주문한 케이크를 떠올렸다. 올 크리스마스에도 이 트리 앞에서 케이크를 자르겠구나 생각하니 어쩐지 노곤노곤해져 트리 앞에 벌러덩 드러누웠다. 뉴스를 하고 오면 특별히 한 게 없는 것 같은데도 늘 진이 빠져서, 분장이라도 지우려면 이렇게 잠시라도 누워 힘을 모아야만 한다. 그렇게 10분, 20분…… 얼른 씻으라는 남편의 잔소리가 시작됐을 때쯤, 전화가 울렸다. 회사였다.

뉴스가 다 끝난 밤에 나에게 전화가 오는 경우는 두 가지밖에 없다. 오늘 뉴스 중 무언가가 크게 잘못 나갔거나, 큰일이 터졌거나. 뭐든 나에겐 '긴급'이니 바로 전화를 받았다.

"어, 집이지? 급히 나와야 할 수도 있겠어. 대통령이 10시쯤

긴급 담화를 할 것 같다는데……"

"대통령이요? 뭘로요?"

"확인중. 일단 대기하고 있어봐."

이 한밤중에 대통령이 나와 직접 대국민 담화를 한다면 국가적으로 매우 중대하고 긴급한 사안일 것이다. 하지만 무슨 내용인지는 확인되지 않았다. 일정이 공지됐는데도 대략적인 내용조차 알려지지 않는 건 이례적이었다. 당시 대통령실과 여권 고위 관계자들은 둘 중 하나였다. 전화를 받고는 되레 '무슨 일이냐'고 되묻거나, 아예 전화를 받지 않거나. 나는 찜찜한 마음으로 일단 TV를 틀었다. 하지만 10시가 됐는데도 대통령은 등장하지 않았다.

"잘못 공지된 거 아냐?"

"그럴 리가 있어? 그랬으면 대통령실에서 설명했겠지."

국방부 출입 기자인 남편과 이런저런 추정을 이어가는데, 대통령이 등장했다. 밤 10시 23분, 예정된 시각을 훌쩍 넘긴 뒤였다.

"존경하는 국민 여러분, 저는 대통령으로서 피를 토하는 심정으로 국민 여러분께 호소드립니다. 지금까지 국회는 우리 정부

출범 이후 22건의 정부 관료 탄핵 소추를 발의했으며……"

야당이 탄핵과 특검을 남발하고, 민생에 꼭 필요한 예산을 깎았으며, 입법 독재를 하고 있다는 주장이 이어졌다. 윤대통령이 입버릇처럼 해온 주장이었다. 의아했다. 만날 하는 이야기를 왜 굳이 이 야심한 밤에 긴급 담화로 발표하는 걸까?

"……비상계엄을 선포합니다."

드디어 본론이 나왔을 때, 나는 그게 무슨 말인지 바로 이해하지 못했다. 13년 차 기자로 나름 별별 일을 다 겪어왔다고 자부했는데도. "체제 전복을 노리는 반국가세력의 준동" "망국의 원흉 반국가세력을 반드시 척결하겠습니다" "저를 믿어주십시오"…… 윤대통령의 입에서 쏟아져나오는 말들을 나는 그저 TV 앞에 아연히 서서 얼빠진 얼굴로 가만히 듣고만 있을 뿐이었다.

"미쳤네."

내가 정신을 차린 건 남편의 입에서 터져나온 거친 말 때문이었다. 국방·안보 분야를 오래 취재해온 남편은 나보다 훨씬 더 빨리 현실을 받아들였다. 남편의 격한 반응 덕분에 나는 윤대통령이 말한 '비상계엄'이 내가 생각하는 그것이 맞다는 것을 알아차릴 수 있었다. 정신을 차리자마자 회사에 전화부터 했다. 바로 나오라는 말이 돌아왔다. 특보를 시작했지만 방송을 끊을 수 있는 타이밍이 오면 앵커를 교체할 테니 의상을 갈아입고 기다리라고 했다. 나는 그 즉시 택시를 불렀다.

"비상계엄을 선포합니다."

택시 문을 열자, 또다시 윤대통령의 목소리가 흘러나왔다. 라디오 소리를 한껏 키우고 듣고 있던 기사님은 내가 택시에 타자 바로 소리를 줄였다. 나는 기사님에게 저도 듣고 싶다고 소리를 다시 키워달라고 부탁했다.

"이게 다 무슨 일이래요? 2024년 서울에서 계엄이라니……?"
"그러게요……"

계엄이 선포된 직후 분장한 얼굴로 방송국을 향해 달려가는 손님이었지만, 맞장구치는 것 말고는 해드릴 수 있는 말이 없었다. 어쩌면 계엄에 대해선 기사님이 나보다 더 많이 알고 있을지 모른다는 생각도 들었다. 민주화 이후 태어난 나는 계엄을 경험해보지 못한 세대였으니. 그때 우리 회사 기자 전원이 모인 단톡방이 울렸다. 평상시라면 같은 부서 기자들만 모인 방에서 1차 보고가 이뤄지고, 중요한 내용만 부서장이 추려 보도국장에게 보고하는 방식으로 일이 진행되지만, 이날은 수백 명이 모인 단톡방에 현장에서 취재되는 내용이 바로바로 올라왔다.

"야당이 의원들에게 즉각 국회로 모이라고 긴급 소집령을 내렸습니다."

계엄 해제를 의결하려는 것이었다. 곧이어 한동훈 당시 국민의힘 대표의 입장문도 올라왔다. 대통령의 비상계엄 선포는 위헌·위법하다, 국민과 함께 막겠다는 내용이었다. 당혹스러웠다. 여당 대표도 모르게 진행한 계엄이라는 것인가. 이 계엄은 얼마나 철저히 계획된 것일까. 계엄을 성공시키기 위해 무슨 짓까지 서슴지 않을지 가늠이 가질 않았다. 오늘밤 많은 국민이 OTT나 유튜브 대신 오랜만에 TV를 틀고 뉴스를 볼 것이다. 지금 대한민국에서 무슨 일이 벌어지고 있는지 종합적으로 말해줄 수 있는 건 우리, 레거시 언론밖에 없었다. 그러니 나는 앵커로서 지금 정확히 어떤 상황이고 앞으로 어떤 상황에 맞닥뜨리게 될 것인지 한발 앞서 내다보고 뉴스를 진행해야 할 텐데, 자꾸만 막다른 벽에 부딪히고 있었다. 앞으로 펼쳐질 일들이 도무지 그려지지 않았다. 나에게 대한민국은 날 때부터 자유민주주의 국가였다. 내가 본 계엄의 모습은 흑백 영상의 다큐멘터리와 영화가 전부였다. 영화 속 장면이 지금, 2024년의 서울에서 재연될 리 없지 않은가……

어느새 택시가 회사 앞 건널목에 도착했다. 계엄을 다룬 영화와 다큐멘터리에 따르면, 어딘가에서 무장한 군인이 나타나 총을 겨누어도 전혀 이상할 게 없다. 나는 누군가에게 쫓기는 사람처럼 좌우를 살핀 뒤 조심스레 택시 문을 열었다. 어떠한 초현실적인 공간으로 들어선 것 같다는 기묘한 느낌이 들었다. 회사까지는 겨우 스무 발자국 남짓 되는 거리였지만, 나는 걸음을 재촉했다.

보도국 내 자리에 앉자마자 계엄법부터 확인했다. 박근혜 정부의 계엄령 문건이 터졌을 때 취재했던 기억을 더듬어보면, 우리 법은 국회에서 계엄 해제를 의결할 경우 계엄을 해제'할 수 있다'가 아니라 '하여야 한다'로 되어 있다. 그렇다면 지금의 여소야대 국회 구성으론 대통령이 여당을 설득했다 하더라도 민주당 단독으로 계엄 해제 의결이 가능하다. 내 기억이 맞다는 것을 확인한 순간 마음이 서늘해졌다. 곧 해제될 계엄을 선포할 사람은 없다. 그것은 정치적 자살 행위이다. 그럼 둘 중 하나였다. 국회의원들을 잡아들여 물리적으로 의결하지 못하도록 막는 것, 아니면 그 법조차 모조리 무력화하는 것.

다음 장면을 보고 싶지 않은 공포영화를 마주하는 심정으로 보도국에 걸린 TV를 지켜봤다. 지금 들어온 국회 앞 상황이라는 멘트와 함께 화면이 바뀌었다. 국회 앞에는 시민들이 몰려와 있었다. 계엄군이 국회의 계엄 해제 의결을 막을까봐 민주주의를 지키겠다고 한걸음에 달려온 것이다. 그런데 그들은 한눈에 보기에도 너무나 연약했다. 당연한 얘기겠지만, 무장한 군인에 맞설 무기나 보호 장비가 전혀 없었다. 그들의 모습은 오래된 흑백 영상 속 시민들의 모습과 같았다. 깊은 우물에 무거운 돌덩이 하나가 던져질 때 날 법한 묵직한 쿵 소리가 내 마음 어딘가에서 울렸다. 역사 속 일들이 오늘밤 저들에게 일어난다면, 나는 스스로를 용서할 수 없을 것만 같았다.

나에게 무슨 대단한 힘이 있는 것도 아니지만, 그래도. 따지자면 일반 시민보다는 언론인인 나에게 계엄을 막아야 할 책임이 더 있을 텐데, 나는 안온한 이곳에, 시민들은 계엄군이 몰려올 저곳에 있다는 것에 죄책감이 들었다. 그때 포고령이 내려졌다. 밤 11시 23분이었다.

자유대한민국 내부에 암약하고 있는 반국가세력의 대한민국 체제 전복 위협으로부터 자유민주주의를 수호하고, 국민의 안전을 지키기 위해 2024년 12월 3일 23:00부로 대한민국 전역에 다음 사항을 포고합니다.

1. 국회와 지방의회, 정당의 활동과 정치적 결사, 집회, 시위 등 일체의 정치활동을 금한다.
2. 자유민주주의 체제를 부정하거나 전복을 기도하는 일체의 행위를 금하고, 가짜 뉴스, 여론 조작, 허위 선동을 금한다.
3. 모든 언론과 출판은 계엄사의 통제를 받는다.

．

．

．

이상의 포고령 위반자에 대해서는 대한민국 계엄법 제9조(계엄사령관 특별조치권)에 의하여 영장 없이 체포, 구금, 압수수색을 할 수 있으며, 계엄법 제14조(벌칙)에 의하여 처단한다.

맨몸으로 국회 앞에 모여든 시민들을 보며 견딜 수 없던 마음이 차분해졌다. 나만 이 계엄을 무사히 피해 가는 일은 없겠다는 생각이 들었기 때문이다. 초헌법적인 포고령엔 국회의 계엄 해제 의결을 막겠다는 것만큼이나 언론을 가만두지 않겠다는 위협이 노골적으로 담겨 있었다. 이제껏 직간접적으로 들어온 우리 회사에 대한 불만, 앵커인 나에 대한 불만이 떠올랐다.

이 계엄은 위헌·위법하다고 비판한다면 분명 그것은 가짜 뉴스, 여론 조작, 허위 선동에 해당할 것이다. 어쩌면 자유민주주의 체제를 부정하고 전복하려는 행위라고까지 주장할 수도 있겠다.

나는 어떻게 해야 할까. 옳은 말을 하고 영장 없이 체포돼 처단받는 것과 굴복하는 것 사이에서 어떤 선택을 해야 하는 걸까. 수십 년 전 대한민국의 수많은 시민이 공포에 떨며 했을 고민이 무엇인지 온몸으로 체감했다. 그리고 작가 한강이 이야기한 것처럼, 세상에서 제일 무서운 게 양심이라는 것도.

회사 출입문을 봉쇄하고, 현장에서 취재중인 기자들을 제외하고는 모두 보도국으로 모이기로 했다. 우리 모두 오늘밤이 평소와 같을 수 없으며, 우리에겐 지켜야 하는 것이 있다는 사실을 정확히 알고 있었다. 보도국을 지켜야 한다. 물론 무장한 계엄군이 무기 하나 없는 우리를 제압하는 것은 식은 죽 먹기겠지만, 그 순간 우리가 지키고자 한 것은 어떠한 물리적 공간이 아닌 정신적 가치였다.

곧이어 국방부 기자실에 무장한 군인들이 들이닥쳤다는 소식이 들려왔다. 기자들에게 퇴거하지 않으면 무력을 사용하겠다고 으름장을 놓고 있는데, 거기에 몇몇 기자들이 거세게 항의

하고 있다고 했다. 국방부 기자실은 남편이 가 있는 곳이었다. 평소 성정을 생각해보면, 항의하고 있는 게 내 남편일 거란 확신이 들었다. 나는 남편에게 "그냥 얼른 기자실에서 나와. 보도국으로 오든지" 카톡을 보냈지만, 한참이 지나도 내 메시지 옆 '1'은 사라지지 않았다. 남편은 전쟁중인 우크라이나에도 들어갔고, 대규모 지진으로 여진이 계속되고 있던 튀르키예에도 갔지만 오늘만큼 안위가 걱정되는 날은 없었다. 오늘밤이 지나고 아무 일 없었다는 듯 다시 집에서 만날 수 있을까. 우리가 돌아가기 전까지 거실의 트리는 계속해서 빛나고 있을 텐데.

"지금 국회 상공 위로 헬기가 보입니다. 두 대."
"아니, 한 대 더. 총 세 대."

밤 11시 45분경, 국회에 헬기가 나타났다. 계엄이 선포되자마자 국회가 봉쇄될 것에 대비해 미리 국회 안에 들어가 있던 기자들이 상황을 알려왔다. 기어코 국회에 계엄군을 진입시키겠다는 것인가. 내 입에서 탄식이 흘러나왔다. 그런데 그 탄식을 미처 다 끝마치기도 전에 일명 지라시가 돌았다. JTBC에 탱크가 도착했다는 내용이었다. 급히 확인한 결과 사실이 아니었지만, '아직' 사실이 아닌 것인지는 우리로선 알 수 없었다.

"국회 본관 3문에 총을 든 군인 보입니다."

계엄군이었다. 기관총과 헬멧, 야간투시경까지 완전무장한 상태였다. 전두환 때도 계엄군이 국회로 쳐들어온 적은 없었다. 경악스러웠다. 국회 직원과 당직자들이 테이블이며 소파며 온갖 집기를 가져와 바리케이드를 쌓으면서 저항하고 있었다. 그들 역시 맨몸이었다. 계엄을 성공시키려면 무력으로 진압해야 한다. 그러니 계엄군이 총을 쏘더라도 전혀 이상하지 않을 상황이었지만, 막아서는 이들은 그저 "당신도 국민이야!" "들어오지 마!" "역사의 죄인이 되는 거야!" 외치는 게 전부였다. 무장한 군인들 앞에서 우리가 가진 무기라고는 고작 그런 것이었다. 현장은 삽시간에 아수라장이 됐다. 현장 취재진이 보내온 영상은 끊임없이 흔들리고 있었다.

계엄군이 본회의장을 봉쇄하거나 국회의원들을 모조리 끌어내기 전에 151명의 국회의원이 모여야 했다. 하지만 아직 모자랐다. 경찰 병력이 국회 출입을 막아서고 있었다. 그럼에도 의원들은 담을 넘어서라도 어떻게든 본회의장으로 들어오고 있었다. 국민의힘 자리는 썰렁했지만 말이다.

그때 계엄군이 망치로 국회 유리창을 깼다. 속절없이 깨지는 유리창을 보며 나는 우리의 민주주의가 산산조각났다는 절망과 공포를 느꼈다. 그 순간에도 주변에는 맨몸으로 계엄군을 막아서며 대한민국의 모든 권력은 국민으로부터 나온다고 목이 터져라 외치는 사람들이 있었다. 나는 이제 그만 계엄군이 물러나주기를 바랐지만, 계엄군은 순식간에 국회 안으로 진입했고 자신들을 막아서는 사람들을 향해 총을 겨누는 모습까지 포착됐다.

이제 정말 시간이 남지 않았다고 느껴지던 0시 49분, 드디어 본회의가 열렸다. 국민의힘에서도 친한계를 중심으로 18명이 자리했다. 그 결과 재석 190인, 찬성 190인으로 비상계엄 해제 요구 결의안이 가결됐다. 윤대통령이 계엄을 선포한 지 약 150분 만이었다. 그럼에도 나는 긴장의 끈을 놓을 수 없었다. 법과 절차를 따를 사람이었다면, 애당초 이런 초헌법적인 계엄도 하지 않았을 거라는 생각 때문이었다.

그러나 얼마 지나지 않아 계엄군이 국회에서 빠져나가기 시작했다. 잠시 안도했지만, 이내 불안해졌다. 계엄군이 발 빠르게 철수한 것과 달리 아무리 기다려도 대통령의 입에서 계엄이 해제되었다는 말이 나오지 않았기 때문이다. 불길했다. 이러다 2차 계엄을 기습 선포하는 건 아닌지, 국회의 의결을 깡그리 무시해버리는 건 아닌지 별별 생각이 다 들었다. 오늘밤 내 의심에는 한계가 없었다. 상대가 비상식적이고 위험한 사람이라는 것을 충분히 보여줬기 때문이다. (나중에 밝혀진 검찰 공소장에 따르면, 윤 대통령은 국회에서 계엄 해제가 의결된 뒤에도 자신이 두 번, 세 번 계엄령 선포하면 되니까 계속 진행하라며 계엄군에 지시했다고 한다.)

새벽 5시경, 가결로부터 네 시간이 훌쩍 지난 뒤에야 '4시 30분 국무회의에서 계엄 해제안이 의결됐다'고 국무총리실서 알려왔다.

◎

동료 기자 대부분은 귀가하지 못했지만, 나는 앵커라는 이유로 먼저 퇴근하게 됐다. 앞으로 한동안은 주말 없이 매일매일 특보 체제가 이어질 테니 컨디션 관리를 하라는 것이었다. 고생하는 동료들에게는 무척 미안했지만, 앵커의 컨디션은 일종의 공공재 같은 것이기에 잠자코 퇴근하라는 말을 따랐다.

현관문을 열자 크리스마스트리가 반짝거리며 나를 반겨주었다. 이번에는 그 포근한 풍경이 초현실적으로 다가왔다. 잠시 뒤 남편에게서 답장이 왔다. 별일 없었다고, '당신들 지금 무슨 행동하는 건지 아느냐고, 전부 다 부역자 되는 거'라고 하니 군인들이 물러났다고 했다. 자신은 좀더 취재할 게 있으니 먼저 자라면서. 나는 핸드폰을 내려두고 어젯밤처럼 트리 앞에 누웠다. 하지만 아무래도 잠은 오지 않았다. 나는 보초를 서는 병사처럼 계엄의 밤을 지켰다. 긴 밤이었다. 날이 다 밝고서야 우리가 무사히 이 밤을 건너왔다는 것을 믿을 수 있었다. 45년 만의 계엄을 피 흘리는 사람 하나 없이 몇 시간 만에 막아냈다. 기적 같은 일이었다. 전부 민주주의가 짓밟히는 데 분노하고 민주주의를 지키려 용기를 낸 시민들 덕분이었다. 나는 트리의 전구를 끄며 생각했다. 이 정도면 비극 아닌 희극일까.

날이 밝으며 드러난 상황은 정확하게 '비극'을 가리키고 있었다. 위헌·위법적인 계엄의 민낯이 속속들이 드러나기 시작한 것이다. 12월 4일, 나는 이렇게 뉴스의 문을 열었다.

"어젯밤 윤석열 대통령은 초헌법적 비상계엄령 선포로 우리 역사의 시계를 45년 전으로 후퇴시켰습니다. 소총을 든 계엄군 280명이 국민의 대표기관 국회를 짓밟았고, 21세기 서울에 군용 헬기와 장갑차가 다시 등장했습니다. 영화보다 황당한 현실에 국민은 불안에 떨어야 했는데, 날이 밝으며 드러난 상황은 생각보다 더 심각한 '민주주의의 위기'를 가리키고 있습니다. 헌법과 법률을 수호해야 할 대통령은 결국 오늘 '내란죄 피의자'가 됐

습니다."

 국민이 선출한 대통령이 피의자, 그것도 내란죄의 피의자가 됐다. 그뒤로 참 많은 일이 있었다. 우리 모두가 목도했기 때문에 무슨 일이 있었는지 일일이 열거하지는 않겠다. 다만 한 가지 내가 말하고 싶은 것은 12월 3일 밤 일어난 일만큼 그 이후에 이어진 일련의 일들이 비극적으로 느껴진다는 것이다.

 누구보다 공정과 정의를 강조하며 당선된 대통령이 법 위에 섰다. 이제껏 힘있는 사람 그 누구도 차마 하지 않던 거친 방식이었다. 정당한 체포영장 집행을 막기 위해 대통령이 경호관들을 사병처럼 부리는 과정에서 공권력과 공권력이 충돌하는, 마치 무정부 상태를 보는 것 같은 비극적인 장면도 연출됐다. 법원을 향해 끊임없이 '불법딱지'를 붙여온 대통령이 구속된 날엔 국회 유리창처럼 법원 유리창도 와장창 깨지고 말았다. 극우 유튜버와 극렬 지지자들이 영장을 내준 판사를 죽이겠다며 저지른 일이었다.

 참담했다. 우리나라를 지탱하고 있는 중요한 한 축인 법치가 크게 무너졌다고 느꼈다. 그날은 피 흘리는 사람도 많았다. 그들은 자신들의 범행을 촬영하고 있다는 이유로 취재진을 무자비하게 폭행했고, 그들을 막아서는 경찰에게도 폭력을 휘둘렀다. 그 어느 때보다 나라는 두 쪽 났고, 갈라진 나라에선 음모론, 가짜 뉴스가 판을 친다. 나는 중국에서 대학을 나왔다는 이유 하나만으로 중국인, 혹은 중국이 심어둔 간첩이라 계엄에 반대하는 보도를 한다는 협박성 메일에 시달렸다. 내가 중국인이라는 것도 허무맹랑한 소리지만, 법원 폭동 사태 주동자 중 한 명이 사실은 JTBC 기자라는 가짜 뉴스까지 쏟아졌다. 이런 상황에 맞서는 것은 굉장히 피로한 일이다. 신봉자들은 어떤 사실, 근거를 들이대도 믿고 싶은 대로 믿기 때문이다. 그럼에도 끊임없이 반박해야만 하는 이유는 이들의 목소리가 커질수록 처음엔 믿지 않던 사람들도 '정말 그런가?' 의심하게 되기 때문이다. 하물며 이번엔 대통령이 앞장서서 '부정선거의 증거가 너무나 많다'며 목소리를 높였다. 너무나 많다던 그 증거는 단 하나도 제시하지 않았지만 음모론은 금세 나라를 뒤덮었다.

우리의 민주주의, 법치, 선거 시스템, 언론의 자유…… 그 어느 것 하나 거저 얻은 게 없다. 많은 사람의 피와 땀으로 이룩한 가치이다. 그런 값진 성취가 합당한 근거 없이 의심의 대상이 되고 무차별적인 공격을 받는 게 나는 매우 비극적으로 느껴진다.

이 비극은 언제쯤 끝이 날까. 이 글을 쓰고 있는 2025년 2월이 지나고도 한동안은 계속될 것 같아 마음이 무척 아프다. 요즘 나는 전에 없던 안부 인사를 많이 받는다. 부디 몸조심하라는 짧은 당부부터 되도록 혼자 다니지 말고 사람이 많은 곳에서는 얼굴을 가리라는 구체적인 조언까지 있다. 취재진이 폭행당했다는 보도가 잇따르고, 극단적인 주장과 폭력적인 목소리가 넘쳐나는 작금의 상황을 반영한 조언들이다. 나는 뚜벅이라 어딜 가든 지하철을 이용해왔고, 이동중 알아보시고 응원해주거나 불만을 나타내는 분도 만났지만 위협적이라고 느낀 적은 한 번도 없었다. 하지만 요즘은 지하철을 탈 때 항상 모자나 마스크를 쓰고 있다.

이 비극에 끝이 있기는 할까. 차창에 비친 내 모습을 마주하며 물을 때마다 나는 떠올린다. 그날 밤 맨몸으로 계엄군에 맞섰던 시민들의 용기와 부당한 명령 앞에 선 군인들의 머뭇거림, 서슬 퍼런 대통령의 면전에서도 숨김과 보탬 없이 사실대로 증언한 사람들의 양심, 진실된 보도를 위한 동료들의 진심을. 그러면 역시, 힘줘 말할 수 있게 된다. 우리는 의연하게 헤쳐나갈 것이라고. 더욱 단단해질 것이라고.

그로부터 두 달 뒤, 나는 이렇게 뉴스의 문을 열었다.

"2025년 4월 4일 오전 11시 22분, 대한민국 헌법은 대통령 윤석열을 파면했습니다. 8 대 0 헌법재판관 전원일치 결정입니다. 111일이나 길게 이어진 '헌법재판소의 시간'은 대한국민 신임의 중대한 위반이자 용납할 수 없는 법 위반이란 결말로 끝이 났습니다."

에필로그
내일이 불안하고 힘겨운 당신에게

여기까지가 제 이야기입니다. 쓰고 나니 길고 어수선한 답장이 되어버렸습니다.

어쩌면 이 답장은 과거의 나에게 보내는 편지 같다는 생각도 듭니다. 나 스스로도 나를 믿지 못했던 긴 시간들. 그 불안하고 힘든 시간을 견디던 저에게 보내는 구구절절한 조언 같습니다.

과거의 나를 만난다면, 이 길고 긴 조언을 줄이고 줄여 이렇게 말하고 싶습니다.

"당신의 가능성을 섣불리 재단하지 말고, 남들의 말도 심각하게 받아들이지 마세요. 당신의 이야기를 만들어나갈 수 있는 것은 오직 당신뿐입니다."

한때 나의 이야기는 20대에만 만들어갈 수 있는 거라고 생각했습니다. 이때 완성하지 않으면 남은 인생을 그저 무색무취하게 살아갈 수밖에 없을 거라고 여겼습니다. 그래서인지 저의 20대는 버겁고 조바심 나는 시간들이었습니다.

하지만 인생은 그저 강물처럼 흐르고 흐를 뿐이라는 걸 조금씩 깨달아가고 있습니다. 강물이 굽이굽이 휘돌아나가며 그때그때의 물결이 만들어지듯, 나는 언제든 이야기를 시작할 수 있고, 하나의 이야기가 끝나면 또다른 이야기가 흐르듯 자연스럽게 이어진다는 걸요.

요즘 저는 앵커라는 물결을 흘려보내고 또다른 이야기를 시작하기 위해 준비하고 있습니다. 임신을 했기 때문입니다. 전직 대통령의 파면을 전할 때도, 새로운 대통령이 선출됐음을 알릴 때도 소중한 생명과 함께였습니다. 그것도 둘이나요. 태명은 '도토리'와 '감자'입니다. 처음 임신을 확인했을 땐 초음파 화면에 찌그러진 작은 동그라미만 보였는데, 그 모습이 꼭 도토리 같았습니다. 작은 도토리가 거대한 상수리나무로 자라듯 무럭무럭

자라란 의미도 있습니다. 나중에 쌍둥이라는 걸 알게 된 뒤에는 임신 기간 내내 평소엔 잘 먹지 않던 감자를 쪄먹은 걸 떠올리며 '감자'라는 태명을 추가로 붙여줬습니다. 사랑스러운 도토리와 감자가 생기면서 〈뉴스룸〉 앵커로서의 제 이야기는 여기서 멈추게 됐습니다.

이야기의 끝자락에서 저는 강물에 작은 조약돌 하나를 던집니다. 그 조약돌은 배가 부른 여자 앵커가 뉴스의 문을 여는 모습입니다. 과거에는 임신한 게 알려지면 프로그램에서 하차하게 되므로, 두터운 외투로 불러오는 배를 감출 수 있는 겨울에 맞춰 임신을 했다고 합니다. 배에 붕대를 감는 선배도 있었다고 합니다. 이제 배 나온 여자가 TV에 나오는 것이 금기시되는 시대는 지났다 하지만, 여전히 우리나라에선 '배부른 여자 앵커'는 낯선 존재입니다.

선례가 없다보니 어려움도 있었습니다. 당장 어떤 의상을 입어야 할지부터 막막했습니다. 의상실의 수많은 옷 중 임신한 여자가 입을 수 있는 건 없었습니다. 의상 선생님과 머리를 맞대고 복대를 덧대어 임부복 정장을 제작했습니다. 앞으로 임신한 동료들이 의상 걱정할 일은 없겠다는 생각에 뿌듯했지만, 배가 더 불러오자 그마저도 불편해지더군요. 결국 저는 재킷을 풀어 버렸습니다.

제가 던진 조약돌을 시청자 여러분이 불편해하시면 어쩌나 걱정도 했습니다. '왜 재킷을 잠그지 않느냐, 단정하지 못하다'는 등 불만을 나타내는 분도 있었지만, 그걸 덮고도 남을 만큼의 응원과 격려가 쏟아졌습니다. '이제껏 배부른 앵커가 없었다는 게 더 이상한 일이다' '멋지다' '다양한 모습의 여성을 TV에서 볼 수 있어야 한다' 등등. 시청자 여러분의 응원과 격려 덕분에 자연스럽게 불룩한 배를 보여주며 뉴스의 문을 열 수 있었습니다. 이 조약돌이 만들어낸 미약한 파문이 쉬이 사라지지 않고, 굽이굽이 돌아나가며 새로운 흐름이 되어주길 기대해봅니다.

이 책이 세상에 나올 즈음이면 아마 저는 앵커석에서 내려갈 마지막 준비를 하고 있을 겁니다. 앞으로 제 인생은 어떻게 흘러갈까요? 두려움과 막막함이 전혀 없다면 거짓말일 겁니다. 하지만 저는 제 앞에 또다른 이야기가 기다리고 있을 것이라 믿습니다. 이제 저는 앵커 한민용으로서의 이야기를 흘려보내고 저다운, 저만의 다음 이야기를 써보려 합니다. 부디 당신도 당신만의 축복된 이야기를 꽃피우시기를 진심으로 기원하겠습니다. 다음에는 당신의 이야기를 들려주세요. 기대하며 기다리겠습니다.

2025년 7월 상암동에서

한민용 올림

매일 뉴스로 출근하는 여자
빨래골 여자아이가 동대문 옷가게 알바에서 뉴스룸 앵커가 되기까지
ⓒ 한민용 2025

초판 인쇄 2025년 7월 28일
초판 발행 2025년 8월 4일

지은이 한민용

기획 이연실 책임편집 이정은 편집 주다인 이연실 염현숙
디자인 이정민
마케팅 김도윤
브랜딩 함유지 박민재 이송이 박다솔 조다현 김하연 이준희
저작권 박지영 주은수 오서영
제작 강신은 김동욱 이순호 제작처 천광인쇄사

펴낸곳 (주)이야기장수
펴낸이 이연실
출판등록 2024년 4월 9일 제2024-000061호
주소 10881 경기도 파주시 회동길 455-3 3층
문의전화 031-8071-8681(마케팅) 031-8071-8685(편집)
팩스 031-955-8855
전자우편 pro@munhak.com
인스타그램 @promunhak

ISBN 979-11-94184-47-8 03810

* 이야기장수는 (주)문학동네의 계열사입니다.
* 이 책의 판권은 지은이와 이야기장수에 있습니다.
  책 내용의 전부 또는 일부를 재사용하려면 반드시 양측의 서면 동의를 받아야 합니다.
* 잘못된 책은 구입하신 서점에서 교환해드립니다.
* 기타 교환 문의: 031-955-2661, 3580